Gonzalo Noya

ALGO + GRANDE

El poder del EQUIPO para lograr lo imposible

Amazon 2019

© Copyright 2019 por Gonzalo Noya

ISBN: 9781676725640

Todos los derechos reservados.

La reproducción total o parcial de este trabajo está prohibida sin el permiso expreso del autor.

X^n Partners

X^n Partners es una firma dedicada a ayudar a las organizaciones a desarrollarse a su máximo potencial: lograr sus resultados deseados y crear excelentes lugares para trabajar. X^n combina el mejor pensamiento y saber-hacer disponible para desarrollar la capacidad organizacional de liderazgo y gestión que requieren las organizaciones para enfrentar sus desafíos. Con foco en las personas para ayudarlas a transitar los cambios, X^n tiene el propósito de mejorar la calidad de vida de nuestras naciones: una persona, un equipo, una organización a la vez.

X^n Publishing

X^n Publishing es la unidad de contenidos editoriales de X^n Partners.

Bajo la convicción de que las habilidades de liderazgo y gestión se pueden construir, las publicaciones de X^n Publishing acercan reflexiones y herramientas para impulsar su desarrollo en cada lector y en cada organización. Los contenidos elaborados son el resultado de la combinación de las mejores prácticas disponibles y la experiencia en posiciones de línea –tanto a escala local como internacional– de los profesionales de X^n.

Agradecimientos

Mi papel en este libro ha sido más el de un vocero que el de un autor. Un vocero de todas aquellas personas que integraron los diferentes equipos de los que formé parte y que me enseñaron el poder de colaborar y lograr cosas juntos. Me refiero a mi familia y amigos. A mis compañeros de estudio, música y fútbol. A mis colegas de trabajo y clientes. A mis mentores y maestros, líderes excepcionales que he tenido el honor y orgullo de conocer. De todos y de cada uno de ellos he aprendido las ideas que se reflejan en estas páginas.

También me ha tocado ser el vocero de todo el equipo de X^n. Este libro es el resultado de un verdadero trabajo en equipo. Recoge todos los años de experiencia de las personas que integramos esta empresa. Escribir este libro nos insumió dos años de trabajo. Cada uno de los que participó puso su granito de arena: unos agregaron contenido, otros revisaron los borradores, otros lo blindaron técnicamente, otros nos hicieron llegar sugerencias, y todos nos dieron su aliento a lo largo del camino. Quiero agradecer en primer lugar a dos personas que hicieron aportes determinantes en este libro. Ellos son Enrique Baliño y Carla Salamano, socios de X^n Partners. Enrique aportó su conocimiento, su experiencia y su capacidad de elegir palabras poderosas para trasmitir mejor los conceptos, y Carla fue capaz de capturar lo esencial y ordenarlo para que el modelo que aquí presentamos no quede solo en algo teórico, sino que sea práctico, fácil de entender y de aplicación inmediata.

Tuve también un compañero de viaje excepcional, Carlos Pacheco, escritor y periodista, que aportó toda su capacidad y experiencia escribiendo libros y que me supo guiar emocionalmente durante todo el proceso, especialmente cuando en la mitad del camino decidimos tirar todo y empezar de nuevo.

Quiero agradecer al equipo de X^n, a varios amigos y colegas del mundo empresarial, deportivo y musical, que me ayudaron durante este proceso, revisando los textos y ofreciéndonos nuevos puntos de vista.

La lista de personas a la que me gustaría agradecer es tan extensa que decidí no incluirla. No me quiero olvidar de nadie y mucho menos de ti. Si estás leyendo estas palabras y sentís que te estoy hablando, no lo dudes, lo estoy haciendo. Gracias. Gracias porque sos parte de mí y por lo tanto de este libro. Parte de algo + grande.

Índice

Agradecimientos 4

Prólogo **Por Enrique Baliño** 8

Introducción 13

Primera Parte
Historias sobre equipos

Capítulo 1. En el bar Las Rosas 20

Capítulo2. Una charla con el Pájaro 35

Capítulo 3. Los constructores alemanes.........................47

Capítulo 4. La orquesta de Mary.....................................61

Capítulo 5. El equipo roquero 76

Capítulo 6. El equipo clásico 93

Capítulo 7. El equipo de jazz 110

Capítulo 8. La orquesta alemana..................................120

Capítulo 9. La Software Jazz Band...............................137

Capítulo 10. Unos meses después… 153

Segunda Parte
Modelo de desarrollo de equipos

Capítulo 11. ¿Cómo se "afina" un equipo?..................161

Capítulo 12. Un gran desafío..166

Capítulo 13. Personas competentes y complementarias
....177

Capítulo 14. Las reglas de funcionamiento 194

Capítulo 15. La conexión emocional...............................208

Capítulo 16. Un propósito común 211

Capítulo 17. Valores compartidos...................................219

Capítulo 18. La confianza...228

Capítulo 19. Habilidades de liderazgo y gestión............238

Capítulo 20. El proceso de construcción, desarrollo y ajuste...251

Capítulo 21. El viajes del equipo 257

Prólogo

Por Enrique Baliño

"Nadie falla solo o triunfa solo".
Eric Thomas, The Secret of Success

Trabajar en equipo... ¿quién puede estar en desacuerdo con esto? Todos hablamos de esta necesidad y, sin embargo, no siempre es fácil hacerlo. Incluso en grupos en los que cada uno de los miembros tiene las mejores intenciones, no es fácil desarrollar un equipo sólido. Y, muchas veces, lo que no percibimos es lo imprescindible que es.

Hace un tiempo me contaron la historia de un boxeador que nació en un hogar muy humilde. En cuanto comenzó su carrera, en un contexto absolutamente adverso, decidió que sería campeón mundial. Así, de la nada. No tenía casi recursos, hizo muchísimos sacrificios. En un momento de su vida se enfrentó a la decisión de si se dedicaba al boxeo o al fútbol. Eligió el boxeo, porque, más allá de sentir que no tenía todas las condiciones para triunfar en el fútbol, pensó: "el box solo depende de mí". La pelea en la que se coronó con el título mundial, como era de esperar, fue dura. Y, si bien fue ganando casi toda la pelea, en el último asalto casi pierde. "¿Qué le pasó?", le preguntó un periodista. "Me fracturé la mano izquierda (su mano más hábil) en el round 4 y se me hizo cuesta arriba (era una pelea a 12 rounds)" fue su respuesta. Impresionante, ¿no? Siguió peleando fracturado hasta el final. Pero la siguiente pregunta del periodista arrojó una luz adicional sobre este fantástico logro: "¿Y por qué se fracturó la mano?" Su respuesta fue: "Porque me vendaron mal". Incluso un boxeador, que está solo en el ring, necesita de otros, de alguien que le vende bien la mano.

La mayoría de las cosas significativas de este mundo han sido realizadas por un equipo. Por supuesto que las individualidades son requeridas y, de hecho, imprescindibles. Y no hay nada que reemplace a la responsabilidad individual como pilar de un equipo. Es más, no es posible desarrollar un equipo si cada uno de los individuos no es, primero que nada, responsable por sus resultados individuales, es decir, de la parte que le toca. Pero es la capacidad de cooperación lo que genera una diferencia significativa a la hora de conseguir resultados extraordinarios.

Y no solo eso. Los resultados extraordinarios son solo una parte de la ecuación. Hay otra parte igual de importante: la satisfacción de pertenecer a algo más grande.

Ser parte de un equipo y estar orgulloso de ello satisface esa necesidad humana primordial de reconocimiento y pertenencia. El orgullo radica en dos aspectos: en el logro de resultados y en esa sensación de armonía básica que necesitamos los seres humanos de sentirnos "en casa". Sentir que estamos en un lugar con otros seres humanos con quienes compartimos valores y enfrentamos desafíos. Sentir la pasión de tener un propósito común, sentir confianza porque sabemos que nuestros colegas "van a estar ahí" y disfrutar de su compañía. Un equipo se trata de eso. Pero cuidado, no es un "club de amigos", porque cuando somos parte de un equipo no se trata solo de pasarlo bien: los resultados mandan, son claves, son un fin fundamental. Como también debería ser un fin fundamental de las organizaciones convertirse en un lugar donde cada mañana vamos a desarrollarnos profesional y personalmente con nuestros colegas (todos quienes pertenecemos a esa organización).

En esencia, una organización, de cualquier tamaño, debería ser un único equipo de alto desempeño, compuesto por un encastre de equipos más pequeños (áreas, procesos, etc.). Las organizaciones que logran convertirse en un solo equipo logran que todas las fuerzas individuales se alineen y por lo tanto son más competitivas, más eficientes y tienen la posibilidad de convertirse en creadoras de una mejor sociedad. En primer lugar, porque sistemáticamente mejoran la calidad de los productos y servicios para sus clientes y, en segundo lugar, porque quienes las componen, sus empleados/asociados/etc., en el propio proceso de creación de esos productos y servicios, tienen la posibilidad de desarrollarse profesional y personalmente y, además, disfrutar en el camino. Un equipo es "un lugar" donde vale la pena ir.

En Algo + grande, Gonzalo plasma su larga y exitosa carrera, "en la cancha", como líder, como responsable de dirigir equipos y como miembro de equipos de diferentes organizaciones y proyectos, primero en IBM y luego en X^n. En su trayectoria ocupó posiciones de línea, tuvo la responsabilidad de llevar a buen puerto importantes proyectos en los que dirigió distintos equipos a los que se les exigió lograr resultados muy desafiantes, bajo mucha presión y con tiempos muy acotados. Condujo equipos de organizaciones pequeñas y grandes y recibió el reconocimiento por sus sistemáticos éxitos.

En este libro, Gonzalo traduce esa invalorable experiencia y las muchísimas lecciones aprendidas en el campo de la dirección de organizaciones de primera línea, en una importante contribución para todos quienes quieren saber más sobre cómo se forma un equipo.

Una de las virtudes del libro es que expresa de forma clara y práctica lo que necesita hacer cada persona que aspire a ser parte de un gran equipo. Introduce con vigor el concepto de responsabilidad de cada uno de los miembros para crear, desarrollar y sostener el equipo. Gonzalo, me consta, es un ejemplo viviente de estos "requerimientos".

En estas páginas Gonzalo también nos resume, con generosidad, sinceridad e incluso con autocrítica, su larga experiencia ayudando a otras organizaciones a convertirse en equipos, trabajando con ellas en su campo de acción, involucrándose al detalle para entender sus dinámicas específicas y ayudándolas a tomar las decisiones que muchas veces no ven o que sí ven, pero no quieren tomar.

Otra de las grandes virtudes del libro es la forma en que está organizado. En la primera parte, combina su pasión por la música y la guitarra con su pasión por el desarrollo de equipos. Narra historias muy amenas, en las que nos sumerge en la realidad de varios equipos de ficción a los que llama roquero, clásico y de jazz (con los que el lector se sentirá muy identificado) y nos presenta las primeras ideas sobre manejo de equipos. En la segunda parte, explica las bases del modelo de desarrollo de equipos que hemos usado en X^n en un sinnúmero de organizaciones para convertir grupos de trabajo en equipos de alto desempeño. Obviamente la dinámica de los equipos es distinta dependiendo de su naturaleza y objetivos. Sin embargo, Gonzalo logra sintetizar cuáles son los componentes imprescindibles para la construcción de cualquier equipo, más allá de las posibles grandes diferencias en las organizaciones.

La manera de presentar el modelo es muy didáctica. Recurre nuevamente a la música y nos ofrece una idea muy ilustrativa: un equipo es como una guitarra con seis cuerdas. Luego, explica a qué equivale cada cuerda cuando hablamos de un equipo, cómo se afina cada cuerda por separado y cómo se afina la guitarra como un todo para lograr un sonido increíble.

"Hemos sido llamados al concierto de este mundo para tocar de la mejor manera posible nuestro instrumento", dijo en una ocasión Rabindranath Tagore (Premio Nobel de Literatura, 1913). Los seres humanos venimos al mundo como un instrumento musical. Cada uno de nosotros es un instrumento distinto. Y en nuestro proceso de crecimiento vamos "afinándonos", porque un instrumento desafinado suena mal y no es muy agradable. Afinarnos, como mínimo, es lo que deberíamos hacer, es nuestra responsabilidad. Y eso está muy bien. Nuestra tarea de mejorarnos cada día es vital en un mundo en el que el cambio acelera. Pero eso no alcanza. No alcanza con ser un instrumento muy afinado porque vinimos a la tierra a tocar en orquesta. Así que nuestra afinación debe ser en torno a los que comparten nuestra vida. Eso es un equipo.

Algo + grande rescata un aspecto de los equipos que muchas veces es ignorado o poco atendido: el emocional. Para quienes dirigen organizaciones en un mundo altamente competitivo y que se mueve muy rápido, el foco en las capacidades técnicas es obvio. Gonzalo por supuesto que le da un lugar destacado a la parte técnica, racional. Pero rescata y pone al mismo nivel que el técnico, el factor emocional. Nos habla de propósito, de valores, de confianza. Subraya la necesidad de identificar lo racional y lo emocional y actuar sobre los dos aspectos con la misma rigurosidad para tener la oportunidad de consolidar un equipo.

Para mí siempre ha sido un orgullo tener a Gonzalo en un equipo. Conozco a muchos ejecutivos, colegas y personas que han trabajado con él y reiteradamente me han expresado sus efusivos elogios acerca de sus capacidades técnicas y emocionales (para usar la terminología de su libro). Como todo buen líder, combina empatía y buenos valores con firmeza y determinación.

Gonzalo es un ejemplo vivo de todo lo que en este libro relata. Por eso, esta obra tiene la más que significativa contribución del practicante experto. Es un excelente aporte a todos quienes tienen el desafío de llevar adelante una organización de cualquier tamaño.

Introducción

A comienzos de la década de 1950, en la localidad de Dartford, Inglaterra, dos niños se conocieron y compartieron la misma escuela. Unos años después, la familia de uno de ellos se mudó y dejaron de verse. En 1960, se reencontraron casualmente en una estación de metro en Londres. Uno de ellos llevaba debajo del brazo unos discos de Chuck Berry, Little Walter y Muddy Waters. Iniciaron una conversación sobre sus gustos musicales. Poco después se juntaron para tocar la guitarra y cantar en un garaje, se unió un tercer amigo y formaron un grupo aficionado que llamaron "Little Boy Blue y The Blue Boys".

Dieron sus primeros pasos, conocieron a otros músicos, unos se sumaron, otros se alejaron. Tras vivir diferentes experiencias, en un viaje que tuvo (y tiene) mucho de mágico, aquel grupo de aficionados años después se había convertido en una de las bandas de rock más importantes de todos los tiempos. Los dos niños que se conocieron en la escuela y que luego se encontraron en una estación de metro eran Mick Jagger y Keith Richards. La banda que crearon fue The Rolling Stones.

Hay millones de historias sobre niños que se conocen en la escuela. Pero muy pocas terminan con la creación de una banda que cambió la historia de la música ¿Qué pasó en ese viaje mágico de la vida de estos dos jóvenes? ¿Qué tuvo de diferente? ¿Fue solo suerte o azar?

Es probable que haya intervenido la suerte y/o el azar. Pero no fue solo eso. Estamos hablando de dos talentosos músicos, como Jagger y Richards, y de varios músicos de primer nivel que integraron la banda a lo largo de más de 50 años. Seguramente también influyó la dedicación y el trabajo, los miles de horas de ensayo y de presentaciones en vivo. Pero tampoco es suficiente. Hay miles de músicos talentosos y muy trabajadores que nunca lograron crear algo ni siquiera parecido a The Rolling Stones.

Parece claro que Jagger y Richards dedicaron toda su vida a perseguir un sueño. Y no claudicaron nunca. Vivieron momentos difíciles, algunos durísimos, como la decisión de expulsar a su amigo Brian Jones, uno de sus miembros fundadores, porque su comportamiento era perjudicial para la banda. A pesar de todas esas dificultades se mantuvieron unidos. Eran grandes músicos, que podían haber tenido destacadas carreras solistas (de hecho, Jagger y Richards hicieron algunos trabajos solistas de buena calidad). Pero sabían que la banda era mucho más grande que ellos como músicos individuales.

Esta historia y muchas otras me inspiraron para escribir este libro. Estoy convencido de que la explicación de por qué The Rolling Stones –y todos los grandes equipos en diferentes disciplinas– logran resultados extraordinarios no se reduce a que tienen talento y han trabajado incansablemente, ni tampoco a que la suerte estuvo de su lado. El talento y el esfuerzo son necesarios, por supuesto, y tener suerte (si es que existe) nunca viene mal. Pero solo explican un logro puntual y efímero, no una larga trayectoria de logros extraordinarios.

Me planteé varias preguntas:

¿Podemos hacer algo para alcanzar nuestro máximo potencial como equipo?

¿Es posible encontrar los factores determinantes que hacen que un equipo logre lo imposible?

¿Esos componentes podrían ser equivalentes a las cuerdas de una guitarra y por lo tanto ser "afinados"?

La respuesta a las tres preguntas es "sí".

En base a lo vivido liderando y siendo parte de múltiples equipos y a lo observado durante muchos años, en los que hemos sido integrantes o asesores de diversos equipos, en X^n construimos un modelo de desarrollo de equipos con seis componentes claves. Eso me permitió utilizar como metáfora una guitarra de seis cuerdas. La guitarra sería el equipo. Las seis cuerdas serían los seis factores que es necesario "afinar" para desarrollar un equipo de alto desempeño.

Las seis cuerdas se dividen en dos grupos de tres: el primer grupo nos permite afinar la "conexión racional" del equipo. El segundo grupo, la "conexión emocional".

Lo primero que todo equipo debe tener es un **gran desafío** a lograr (primera cuerda, racional). Para eso será necesario tener **personas competentes y complementarias** (segunda, racional) y acordar qué hace cada persona y cómo van a sincronizarse, o sea acordar las **reglas de funcionamiento** (tercera, racional).

Con esto solo no alcanza. Los miembros de un equipo requieren tener claro qué es lo que los inspira, lo que los lleva a hacer lo que hacen y que sienten que tiene un impacto superior, o sea, cuál es su **propósito común** (cuarta, emocional). Necesitan sentirse a gusto con sus colegas porque tienen en común un conjunto de **valores compartidos** (quinta, emocional) que definen cómo van a actuar más allá de las reglas de funcionamiento. Y finalmente, necesitan que emerja la **confianza** (sexta, emocional) que es, en definitiva, la evidencia que confirma que se trata de un verdadero equipo de alto desempeño.

Cada una de estas seis cuerdas puede ser afinada. La manera de hacerlo es tomando decisiones y actuando en consecuencia, lo que requiere de habilidades de liderazgo y de gestión. Cuando las cuerdas están afinadas cada una por separado, pero además en relación a las demás, y logran un "sonido" único y especial, entonces es posible que la magia del equipo aparezca.

Dos partes

Durante varios años recopilé reflexiones y observaciones acerca de grandes equipos, principalmente a nivel empresarial, pero también en otras áreas, como la música y deporte. A estas se suman las que han recopilado varios miembros del equipo de X^n.

Una de mis preocupaciones principales al escribir este libro fue la de transmitir estas observaciones y reflexiones de forma amena y clara para el lector, y al mismo tiempo ofrecer conceptos técnicamente rigurosos.

Decidí dividir el libro en dos partes. En la primera parte incluyo tres historias de equipos empresariales bien diferentes. Estos equipos están integrados por personas diferentes y tienen desafíos y formas de trabajo también diferentes. En la vida real no hay una sola forma de desarrollar un equipo.

Estas historias son de ficción. No refieren a ninguna empresa en particular. Si el lector siente que los escenarios o los personajes tienen parecidos con alguna organización que ellos conocen, no es porque me haya inspirado en esa empresa. Es porque mi intención fue elegir historias que he visto repetirse una y otra vez y que seguramente le resultarán familiares a un alto número de personas. Ojalá que al lector le resulten historias conocidas, porque eso significa que logré este objetivo.

Como la música es una de mis pasiones, para ilustrar mejor estos equipos incluí tres personajes, también de ficción, que representan a tres músicos de tres estilos musicales diferentes: un guitarrista que integra una banda de rock, una violonchelista que integra una orquesta sinfónica y un saxofonista que integra un grupo de jazz. Cada uno participa de una experiencia colectiva musical, cuya integración, desafíos y formas de trabajo son bien diferentes, lo mismo que ocurre con algunos tipos de equipos empresariales.

Además, participan del libro tres personajes que son miembros del equipo de X^n. Este equipo y las personas que lo integran no son reales. También son de ficción. Hay un último personaje, que soy yo mismo, y que soy el narrador de esas historias. Soy también parte del equipo de X^n.

Mi objetivo principal en esta primera parte es responder a la pregunta: ¿Cómo podemos resolver algunas situaciones comunes que se presentan una y otra vez en los equipos?

Durante la narración de estas historias, reflexiono junto con el equipo de X^n sobre los casos planteados y adelanto algunos conceptos claves relacionados con el modelo de desarrollo de equipos.

Esta parte es más bien práctica y concreta. En ella incluyo algunos consejos que pueden aplicarse en cualquier momento, en cualquier equipo y que ayudan a mejorar la "afinación".

En la segunda parte describo el modelo de desarrollo de equipos de X^n, el que además es el modelo conceptual en el que se basan las reflexiones que presento (aunque de forma breve) en la primera parte. Este modelo está basado en mi propia experiencia, en la experiencia ejecutiva de todos los que formamos X^n y en lo que hemos aprendido ayudando a miles de personas a lo largo de más de 15 años. También integra el conocimiento del mejor saber-hacer recogido de los libros e investigaciones de referencia en esta materia: Katzenbach y Smith, Patrick Lencioni, el proyecto Aristóteles de Google, entre otros.

El objetivo principal de esta segunda parte es profundizar en la comprensión de cada cuerda, en qué significa y cómo puede ser afinada cada una. Es un abordaje del mismo tema de la primera parte, pero con énfasis en el orden y en la organización de los conceptos, de modo tal que pueda servir como base para definir acciones concretas y mejorar el equipo del cual usted forma parte. En algunos momentos vuelvo sobre las historias de la primera parte para ilustrar ideas o rescatar enseñanzas.

Luego de desmenuzar las cuerdas y reflexionar sobre ellas, sobre los factores determinantes en el desarrollo de un equipo de alto desempeño, en la parte final reflexiono sobre la importancia del liderazgo y la gestión en los equipos.

A todos nos resulta familiar la idea de algo "afinado" o "desafinado". La mayoría de las personas, aunque no tengan formación musical, se dan cuenta cuando alguien en una fiesta o en la televisión, canta afinado o desafinado.

Mi deseo es que este libro al lector, a usted, lo ayude a desarrollar esa misma capacidad, pero para los equipos. Que sepa cuándo un equipo está afinado y cuándo no. Y más aún, que aprenda o ayude a "afinar" el equipo que integra o lidera. Por eso hemos creado además un sitio web que contiene videos, documentos, técnicas y herramientas muy útiles para evaluar la madurez de su propio equipo y ayudarlo a afinar cada una de las cuerdas. Usted puede acceder a todo esto simplemente escaneando el siguiente código QR:

Mi deseo es que su equipo haga surgir esa magia que parecen tener los que alcanzan el poder de lograr lo imposible, y que usted y sus colegas sientan el orgullo de ser parte de algo + grande.

Primera Parte

Historias sobre equipos

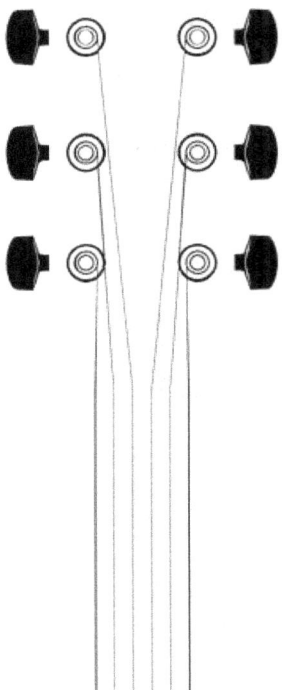

Capítulo 1

En el bar Las Rosas

Crucé hasta el bar Las Rosas. Me senté en una mesa junto a la ventana y le pedí un café al mozo.

En una mesa cercana había un grupo de personas hablando de forma apasionada y por un momento pensé en cambiarme de lugar. En una hora debía realizar una presentación en un evento cuyo tema era "Equipos, liderazgo y personas". Necesitaba tranquilidad para hacer la revisión final de las diapositivas y las anotaciones de la presentación. Lo que menos quería era estar rodeado de ruidos y de discusiones acaloradas.

En ese momento se acercó el mozo. Habló con un hombre flaco, con una melena rubia, campera de cuero y jeans gastados. La discusión se detuvo por un momento. El flaco se puso de pie, levantó su guitarra y la colocó contra la pared, muy cerca del lugar dónde yo me encontraba.

– ¿Le molesta si dejo la guitarra aquí? –me preguntó.

– No, para nada. No hay problema –dije.

– Dice el mozo que si no alguien me la va a patear.

– Tiene razón, acá está mejor –dije.

Me intrigó saber qué modelo de guitarra era. Sin duda que era eléctrica, pero no pude saber mucho más porque estaba adentro de un estuche.

El flaco volvió a su mesa. El mozo se acercó y me trajo el café. En la mesa contigua continuaron hablando, pero en voz más baja.

Revisé mis apuntes. La duración estimada de la charla que tenía que dar era de unos 25 minutos y quería que fuera didáctica. El objetivo era comunicar de forma sencilla los conceptos básicos que caracterizan a los equipos de alto desempeño.

Durante varios años trabajé en una empresa de tecnología multinacional y lideré varios equipos, algunos muy grandes y otros más pequeños. Como estudié en una universidad técnica (Ingeniería), al inicio de mi carrera pensaba que lo más importante era tener buenos métodos de trabajo, buenas herramientas de software, en fin, lo técnico. Pero después de varios tropiezos aprendí que lo más importante son las personas. Cuando las personas logran una buena integración, el impacto es enorme. No solo logran grandes resultados: además se sienten motivados y orgullosos de formar parte de algo importante. Lo técnico, si bien es necesario, no es suficiente. Se necesita algo más, algo que tiene más que ver con las emociones de las personas que con la razón. Años después me planteé un nuevo desafío: asesorar y ayudar a empresas y organizaciones en la formación y en el desarrollo de equipos de trabajo, una especie de entrenador de equipos o *team coach*.

Trabajé con muchos equipos bajo presión, con metas exigentes y con plazos acotados. En varios equipos me encontré con problemas de personas con "egos" muy grandes, con mucha dificultad para integrarse genuinamente entre todos. En muchos casos tenían varios problemas de forma simultánea.

El desafío que tenía ahora, para la presentación, era resumir lo que había aprendido durante muchos años y explicarlo claramente en menos de media hora.

Escuché a mi lado una voz de mujer.

—Cuando damos un concierto y veo a un grupo tan grande de personas talentosas a mi lado, que ejecutan diferentes instrumentos y generan una música tan maravillosa, muchas veces me emociono hasta las lágrimas.

La mujer compartía la mesa con el flaco de la guitarra y otra persona más. Era elegante y sofisticada, de unos cuarenta años. Su voz era cálida y su forma de hablar, suave y calma.

Bebí un poco de café y observé que en una de las paredes había varias fotos de músicos, como Charly García, Joe Satriani, Jimi Hendrix, Bob Marley, The Rolling Stones, The Beatles, The Doors, SRV, entre otros.

El flaco de la guitarra interrumpió a la mujer.

–Vos siempre tan prolijita –dijo–. Típico de las violonchelistas coquetas.

La voz del flaco era estridente y el tono, prepotente.

–Así somos –dijo ella divertida y moviendo las manos con gracia–. Coquetas, sofisticadas.

–Te voy a llevar un día a un concierto de rock y ahí sí vas a sentir cosas. Ahí no hay un director con frac y un ejército de músicos. En el rock somos pocos y cada uno se juega todo frente al público. En una orquesta si un músico falla solo se da cuenta el director, algún músico y algún crítico muy refinado.

–He ido a conciertos de rock, no muchos –dijo la mujer–. Al último que fui me tuve que ir antes porque me dolía la cabeza.

Reordené un par de diapositivas de mi presentación. Revisé una vez más las ideas centrales de mi charla basada en el modelo de desarrollo de equipos de X^n. Este modelo fue creado reuniendo la experiencia ejecutiva de varios años de todos los integrantes de X^n y el conocimiento de diversos libros y estudios sobre personas y equipos. *No + Pálidas. Cuatro actitudes para el éxito*, de Enrique Baliño, es un libro fundamental para entender las actitudes de las personas y en particular la actitud de equipo. Las conclusiones del proyecto Aristóteles, un estudio realizado por Google y el libro *Las cinco disfunciones de un equipo* de Patrick Lencioni, nos ayudaron a identificar conceptos fundamentales para la formación de equipos. *La sabiduría de los equipos*, de Jon Katzenbach y Douglas Smith, que es una investigación sobre los factores comunes que caracterizan a los equipos de alto desempeño en las organizaciones, también está incluida en nuestro modelo. Finalmente repasé varios apuntes sobre la cultura de trabajo en equipo que han logrado generar diversas organizaciones exitosas de la actualidad como, por ejemplo, Spotify. Estas empresas basan su operación en los equipos y en equipos de equipos (en ocasiones llamadas tribus) y son una referencia contemporánea. También hemos incluido lo que aprendimos de ellas en nuestro modelo.

Miré de nuevo los objetos colgados en las paredes y decidí dar por terminada la revisión. Cerré mi computadora. "Ya está lista", me dije. Si seguía haciendo cambios no terminaría más.

—Discrepo totalmente —escuché que dijo el tercer integrante de la mesa.

Era bastante mayor que el flaco y la mujer. Tendría unos 60 años. El poco cabello que tenía era gris. Usaba una barba muy cuidada y prolija, también gris. Hablaba con una voz sonora, como la de un locutor.

—El jazz es la música por excelencia —dijo y miró hacia el flaco—. Leonel, vos te quedás contento con poco. Tocás un par de notas con el volumen al máximo para miles de personas que no saben nada de música. Yo disfruto tocando en un ambiente íntimo miles de notas para pocas personas, pero con gustos muy sofisticados. Para tocar jazz se precisa que cada uno de los intérpretes conozca mucho sobre música y mucho sobre el instrumento que interpreta. No cualquiera toca jazz. Es una música exquisita llena de variantes y movimientos, la mayoría de las veces creados para ese momento. Hay algunos estándares en los cuales nos basamos, pero el resto es improvisación.

Miré el reloj del bar. Faltaba media hora para el inicio de mi presentación. No era lejos, pero quería llegar con algunos minutos de anticipación. Llamé al mozo, pagué y me fui.

La presentación

En la sala había unas cincuenta personas. Antes de empezar, tomé asiento en una mesa. Mientras el conductor del evento me presentaba me serví agua. Me puse de pie, agradecí a la organización y al público y comencé diciendo:

¿Les parece que trabajar en un equipo es importante? Todos sabemos que una persona excelente puede tener resultados extraordinarios, pero por más brillante que uno sea hay cosas que no se pueden hacer solos. Sabemos que junto a otros podemos hacer algo mucho más grande. También sabemos que no alcanza con tener individuos brillantes para tener el mejor equipo. Google estudió 180 grupos de trabajo durante dos años y concluyó que los grupos que eran más capaces de colaborar obtenían mejores resultados que los grupos que tenían individuos técnicamente superiores. Yuval Noah Harari, en su libro De animales a dioses *afirma que lo que hizo que los Homo sapiens dejáramos de ser "animales" débiles y pasáramos a ser los "dioses" de la Tierra no fue solo el desarrollo de nuestro intelecto sino también nuestra capacidad para colaborar a gran escala. Si Google y Harari tienen razón, la capacidad de colaborar es lo que entrega los mejores resultados. Trabajar* **bien** *con otros hace una gran diferencia.*

El hecho de que varias personas trabajen juntas en un mismo lugar y para una misma organización no los convierte en un equipo. Es muy diferente un verdadero equipo a un grupo de trabajo. Para mí, un verdadero equipo es el que logra resultados superiores en forma sistemática y del que las personas se sienten orgullosas de formar parte. Es curioso porque todo el mundo dice que es importante trabajar en equipo, sin embargo, cuando vamos al terreno, la verdad es que vemos ¡muy pocos equipos de alto desempeño! El problema parecería ser que las personas ¡no saben cómo construir estos equipos!

Muchas veces nos preguntan:

¿Cómo se hace para construir un equipo?

¿Qué tengo que hacer para que mi equipo mejore?

¿No sería bueno tener una "receta" que nos indique qué hacer para mejorar el desempeño de mi grupo de trabajo?

Una de mis pasiones es la guitarra. Me pregunté, ¿se podrá "afinar" un equipo, al igual que se "afina" una guitarra?

La guitarra tiene seis cuerdas, y en base a ella desarrollamos un modelo con seis partes o cuerdas.

Para que un equipo se forme necesita **un gran desafío (primera cuerda)**, *un objetivo claro, concreto y bien definido. Lo que he observado es que lo primero que empuja a la integración es un objetivo compartido desafiante. Cuando ese objetivo desafiante se traduce en un resultado deseado, en una meta que está claramente expresada, es bien específica, tiene una fecha definida y todos los miembros del equipo la conocen, puede ejercer "presión sana", y transformarse en el foco de todos. Esto es lo que hace germinar la semilla de un equipo.*

Para alcanzar ese desafío tenemos que tener buenos jugadores en el equipo, **personas competentes y complementarias (segunda cuerda)**. *Este es el factor más importante pues sin personas no hay equipo. Es fundamental que las personas sean competentes en el rol que les toca ocupar, y para eso tienen que tener las capacidades técnicas y sociales que se necesitan. También es primordial que estas personas se complementen y que exista diversidad. Cuando esto ocurre, las debilidades individuales son cubiertas por las fortalezas del colectivo.*

Esas personas necesitan organizarse, dividir el trabajo, acordar cómo van a trabajar juntas. Debe haber claridad en los roles de los individuos, en cómo hacen las tareas y en cómo interactúan entre sí. En definitiva, las personas precisan acordar un conjunto de **Reglas de funcionamiento (tercera cuerda).**

A estas tres primeras cuerdas las llamamos cuerdas racionales. Hemos visto muchos equipos que han trabajado sobre estas tres cuerdas y que han logrado una conexión racional y muy buenos resultados. Pero hemos visto otros equipos que, además de la conexión racional, han logrado una conexión emocional con resultados superiores. Esto se puede ver claramente en el deporte. Un plantel de buenos jugadores, bien organizados, gana partidos. Pero cuando le agregan pasión y confianza pueden lograr lo imposible, pueden ganar campeonatos. Hay algo más grande, algo emocional, que los lleva a obtener logros extraordinarios. Son equipos donde las personas además de lo anterior ayudan a sus colegas, se sacrifican por el equipo y contagian su pasión, ponen su corazón. Sienten que su trabajo es más que un trabajo. Se sienten motivados a dar lo mejor de sí y contagian esa energía, lideran. Esto último es mucho más emocional que racional.

Para que esta conexión emocional ocurra, las personas deben sentir que hay algo que los une, algo que quieren lograr que es realmente importante para cada uno, algo que va más allá de lograr un objetivo concreto: **un propósito común (cuarta cuerda)**. *Los equipos de alto desempeño no solo responden con claridad a la pregunta ¿Qué hay que lograr? También responden con claridad a la pregunta ¿Para qué lo hacemos? No solo lo entienden: lo desean todos. Cuando esto ocurre, el desafío pasa a tener otro significado y su trabajo también. Les genera aún más compromiso, entusiasmo y satisfacción por lo que hacen y por pertenecer al equipo.*

Además del propósito común, es necesario que las personas tengan un conjunto de **valores compartidos (quinta cuerda)**. *No se trata de lograr resultados de cualquier forma. Los valores compartidos nos dicen cómo vamos a lograr los resultados. Los valores, si bien parecen invisibles, no lo son. Funcionan como un imán pues atraen a aquellas personas que disfrutan cuando trabajan con pares que comparten dichos valores y repelen a aquellos que no los comparten. No nos referimos a los valores declarados en un cuadro o en un documento. Nos referimos a los valores que realmente se viven en cada conversación, en cada acción, en cada decisión.*

*En un verdadero equipo florece **la confianza (sexta cuerda)**. Es el factor que indica de manera más clara la diferencia entre un grupo de trabajo y un equipo. Cuando hay confianza, los integrantes del equipo se sienten seguros, sienten que pueden opinar, tomar riesgos, decir palabras como "no sé" o "me equivoqué" sin que el resto los agreda. Pueden defender sus ideas con vigor y con mucha energía y demostrar su pasión sin que nadie se ofenda porque es justamente esa confianza la que les permite expresarse libremente. En un equipo todos entienden que todos quieren lo mejor para el equipo.*

Un músico para afinar una guitarra tiene que tener ciertas habilidades. Por ejemplo, tiene que tener un buen oído para saber si el instrumento está desafinado y conocer las técnicas y herramientas para poder afinarlo. En el caso de los equipos ocurre lo mismo, son necesarias ciertas habilidades para poder afinarlos. Para las cuerdas racionales se requieren habilidades de gestión y para las cuerdas emocionales se requieren habilidades de liderazgo.

Me acerqué a la mesa, tomé un poco de agua, y dije:

Para terminar, me gustaría decir que es posible "afinar" cada una de estas cuerdas. Los equipos de alto desempeño no se crean por "casualidad". Para crearlos se requiere actuar y tomar decisiones. Para cada una de estas cuerdas existen técnicas y herramientas. El consejo que siempre le damos a nuestros clientes es: "¡Pare! ¡Pare! Salga del día a día. Dedique un tiempo para reflexionar sobre cada una de estas cuerdas, construya un plan de acción y ejecútelo. En nuestra página web tenemos una comunidad online que podrá ayudarlo a identificar las fortalezas y las oportunidades de mejora en sus equipos y a armar un plan para llevarlo al siguiente nivel. Hay videos, documentos, técnicas y herramientas muy útiles que le permitirán evaluar la madurez de sus propios equipos y ayudarlo a afinar cada una de estas cuerdas. Pueden acceder a todo esto simplemente escaneando el siguiente código QR:

Los invito a usar toda esta información y a trabajar juntos para construir equipos que logren resultados extraordinarios, esos en donde las personas están orgullosas de formar parte de algo + grande.

Al finalizar la charla, algunas personas se acercaron a conversar conmigo. Un joven de lentes, con un bolso que le colgaba de un hombro, me dijo:

–Lo que dijo sobre los equipos me hizo pensar en mi empresa. Ahora me doy cuenta de que no somos un equipo, somos un grupo de personas que trabajamos en un mismo lugar, pero no sabemos bien cuál es nuestro propósito, y además cada uno está en lo suyo, casi no colaboramos.

Recibí varios comentarios similares. La última persona con la que conversé era una mujer de unos 50 años. Era algo tímida y retraída.

–Yo le quería hacer una pregunta –me dijo.

–Adelante, encantado.

Hizo un silencio, como si pensara una vez más cómo me formularía la pregunta. –El tema es el siguiente. Usted habló de equipos, de propósitos y de metas, de individuos y de actitud de equipo. Todo eso está bien. Estoy de acuerdo. Creo que eso se aplica a la mayoría de los equipos. Pero… ¿qué pasa cuando en un equipo hay una persona que se destaca muy por encima de los otros?

La pregunta me resultó bastante simple, lo que me preocupó, porque quizás no la había comprendido bien. Le respondí:

–Es bastante frecuente que haya una persona en un equipo que se destaque un poco más.

–Sí, sí, eso está bien. Pero en este caso –dijo ella– esta persona se destaca *muchíííísimo* más.

Me causó gracia la forma en que dijo *muchíííísimo*.

–¿Cómo es el caso? –pregunté.

–El caso es el de nuestra empresa. Es lo que nos pasa a nosotros. Nuestro director es una persona muy conocida a nivel público, con un alto poder de convocatoria. Los que integramos la alta gerencia tenemos un muy buen nivel profesional, pero los clientes siempre piden por él. Y él no puede estar en todos lados. Pero lo cierto es que, si él no está, si se lo retaceamos a los clientes, nuestras posibilidades como empresa no son las mismas.

–A ver si entendí –dije–. Le voy a poner un ejemplo exagerado: es como el Barcelona: no es lo mismo con Messi que sin Messi.

–Yo no sé mucho de fútbol –dijo–. Messi sé quién es, por supuesto –dijo y sonrió–. El de Messi podría ser el caso, pero no estoy segura, porque soy muy ignorante en materia de fútbol.

–Entonces utilice un ejemplo que a usted le resulte más familiar –le dije.

–Prefiero ejemplos de la música. Un ejemplo podrían ser los Rolling Stones y Mick Jagger. Nuestra empresa sería parecida a ese ejemplo: tenemos un Mick Jagger, que se destaca por encima de los demás. Los que le seguimos somos muy buenos, pero sin Mick Jagger no seríamos los Rolling Stones.

–Entiendo –dije–. Disculpe, ¿en qué empresa trabaja?

Me entregó una tarjeta. La leí. Trabajaba en Audio UY.

–¿Usted trabaja con Luis Otero?

–Sí.

En ese momento entendí de qué me estaba hablando. No conocía en detalle los servicios de Audio UY, pero sí conocía bien a su líder, Luis Otero. O mejor dicho, sabía muy bien quién era, aunque no lo conocía en persona. Audio UY, por lo que yo sabía, era una empresa pionera en publicidad y producción audiovisual. Otero era una figura pública. Era muy carismático, un gran orador. En una ocasión me invitaron a una conferencia que él dio sobre innovación. Me divertí mucho y además me dejó pensando durante varios días. Recordé también que había visto un documental que se hizo sobre Otero y su charla. Creo que lo había hecho una productora de cine argentina y que había sido visto por miles de personas.

–Claro –dije–. Sé quien es Otero.

–¿Y Audio UY?, ¿la conoce? –me preguntó.

–Sí, la conozco. Pero tengo mucho más presente a Otero.

–Entonces entiende de qué le estoy hablando.

–Sí, me parece que sí –dije–. ¿Cuál sería su pregunta entonces?

–Mi pregunta es…. –titubeó–. La pregunta sería… ¿Cómo se construye un buen equipo con un líder tan fuerte y con tanta capacidad de convocatoria?

Me dejó sin palabras. Pensé un poco y le dije lo primero que se me vino a la mente. –Si Otero tiene una gran capacidad de convocatoria, tienen que aprovecharla al máximo. Si Carlos Salvador Bilardo se hubiera empecinado en que Maradona, que era zurdo cerrado, le pegara mejor con la pierna derecha nos hubiéramos perdido uno de los mejores delanteros del mundo. Lo que quiero decir es que ¡las fortalezas hay que aprovecharlas!

–Maradona sé quién es. Pero ¿quién es Bilardo?

–Es un director técnico argentino –dije–. Dirigió a Argentina en los mundiales de 1986 y 1990. En 1986, Argentina fue campeón del mundo, y en 1990, subcampeón. Maradona era la estrella del equipo.

—Ah —dijo ella—. Como Maradona era zurdo, lo que usted me quiere decir es que lo mejor era no cambiarlo.

—Puede parecer tonto lo que le estoy diciendo, pero no crea que lo es. Muchas veces las empresas no saben bien cuáles son sus virtudes, o no las aprecian, y sin embargo han recorrido mucho camino y eso es porque desplegaron ciertas capacidades. En este caso Audio UY existe, funciona, y según tengo entendido es una empresa exitosa y seguramente Otero tiene mucho que ver con eso. He visto organizaciones que, para no volverse dependientes de alguna fortaleza, tratan de no usarla. A mí me parece una locura. Imagínese que el Barcelona pusiera en el banco de suplentes a Messi, su mejor jugador, porque quiere evitar que el equipo se vuelva dependiente de él. Disculpe: le volví a hablar de fútbol.

—Lo entiendo. Si Messi es el mejor es obvio que siempre queremos que juegue.

—Hay que aprovechar a una estrella y todas sus fortalezas mientras la tengamos. Lo que no se puede hacer es solo eso: crear un equipo para la estrella. El gran desafío, en el caso del fútbol, es desarrollar nuevas estrellas, trabajar con los jóvenes, en las divisiones y selecciones juveniles. Si no se hace, el equipo se termina cuando se termina la carrera de la estrella. En el deporte esto está más presente porque hay un factor biológico. A los 35 años en promedio el rendimiento físico de los futbolistas declina y a esa edad, o uno o dos años después se retiran. En las empresas este problema parece ser más remoto, porque no hay una edad para retirarse. Pero conozco varios casos en los que las empresas desaparecieron cuando el fundador se retiró o ya no estuvo más por la razón que fuera. Para mí es una virtud tener un líder así, no un problema. ¿Por qué piensa usted que es un problema?

La mujer cruzó los brazos en un gesto defensivo y luego dijo:

–Tiene razón. Seguramente el problema es otro. El tema es que nuestros clientes nos siguen comprando porque el director es Otero. Como hay mucho trabajo, nosotros, los ejecutivos de la empresa, estamos dedicados el día entero a atender a los clientes. Estamos en el día a día. Desde hace unos meses, tenemos un nuevo objetivo, que es operar fuera del país, o sea internacionalizarnos, pero estamos como atrapados. Nos está consumiendo el día a día, estamos absorbidos por los clientes y no vamos ni para adelante ni para atrás. Entiendo lo que me dice de Otero, pero la verdad es que nos resulta muy difícil internacionalizarnos porque él está siempre con mucho trabajo y es una pieza clave para hacerlo. Como si eso fuera poco, me parece casi imposible generar nuevas estrellas porque su imagen es tan poderosa que lo que hacen los demás queda en un segundo plano.

–Me gustaría pensarlo y conversarlo con mi equipo. Si le parece, podemos hablar nuevamente en unos días.

–Perfecto –dijo ella–. Ya le di mi tarjeta. Ahí están mis datos.

La mujer se retiró. La sala quedó vacía. Recogí mis cosas y en el momento en el que salía a la calle recordé la conversación de la mesa vecina en el bar Las Rosas. En la mesa había un músico de rock y la mujer me había mencionado justamente a Mick Jagger. La mayoría de las bandas de rock están formadas por un vocalista líder. Bono en U2, Freddie Mercury en Queen, Jim Morrison en The Doors o Robert Plant en Led Zeppelin. Además, en la música, la emoción parece ser un condimento ineludible, mientras que en las organizaciones parece ser casi un tabú. Se me ocurrió una idea: conversar con el roquero de la mesa del bar y así incorporar un punto de vista diferente y contrastarlo con la visión empresarial. Observar similitudes y diferencias. Me hice varias preguntas: ¿Se parece un rockstar a un ejecutivo estrella en una empresa? ¿Cómo funciona un equipo integrado por una persona muy talentosa y varios integrantes con mucha sensibilidad a su lado? ¿Cómo hacen para mantener a la banda unida?

Habían pasado dos horas, pero igual volví al bar Las Rosas con la esperanza de encontrar a los músicos.

Cuando llegué ya se habían ido. La mesa ahora la ocupaban tres jóvenes bebiendo cerveza.

Decidí quedarme y comer algo. Llamé al mozo y le pedí un sándwich caliente y un capuchino.

–Cuando vine más temprano –le dije al mozo–, en una de las mesas había un grupo de personas. Uno de ellos tenía una guitarra eléctrica.

El mozo asintió con la cabeza.

–¿Los conoce?

–No mucho, pero son clientes frecuentes.

–¿Son músicos, verdad? –le pregunté.

–Sí, creo que sí. Me parece que son docentes de la Escuela Uruguaya de Música. Pero no los conozco mucho. Solo de acá, del bar.

–Ah, bien –dije–. ¿A qué hora vienen generalmente?

–Después de las cinco de la tarde. Pero no vienen todos los días. ¿Por qué pregunta?

–Me interesó algo que dijeron hoy mientras conversaban en la mesa. Me gustaría hacerles unas preguntas. Pero no es urgente.

Cuando se retiró, encendí mi computadora y envié invitaciones para Ana Inés, Rafael y Patricia, para una reunión al día siguiente en X^n.

Luego escribí las siguientes reflexiones:

- *Un grupo de trabajo y un equipo son dos cosas muy diferentes. Una diferencia fundamental es que un equipo **logra resultados de forma sistemática y sus miembros sienten orgullo de pertenecer a él**.*

- ***El equipo es el instrumento mas poderoso** para generar resultados significativos y crear excelentes lugares para trabajar.*

- *La capacidad de colaboración efectiva, más que las inteligencias o las capacidades individuales, **es lo que permite a cualquier orgnización tener resultados superiores**.*

- *Un equipo es como una guitarra. Tiene seis cuerdas, que necesitan ser afinadas. Hay tres cuerdas racionales: tener un gran desa-fío, contar con personas competentes y complementarias y acordar reglas de funcionamiento. Las otras tres cuerdas permiten conectar emocionalmente al equipo. Estas son: descubrir el propósito común, tener valores compartidos y hacer florecer la confianza.*

- *Para lograr la "mejor afinación" se requieren **habilidades de liderazgo y habilidades de gestión**.*

- *"El trabajo en equipo es el secreto que hace que la gente común logre resultados poco comunes."*

Ifeanyi Onuoha

Capítulo 2

Una charla con el Pájaro

Llegué a mi casa cerca de las 20 horas, cené y conversé un rato con mi familia. Después acompañé a mis hijos a su cuarto. Una vez dormidos, salí sigilosamente y me senté en la mesa de la cocina a charlar con mi esposa.

Le mencioné la conversación que había tenido con la ejecutiva de Audio UY y que me habían quedado dando vueltas sus preguntas.

—Lo primero que me preguntó —dije— fue lo siguiente: ¿cómo lograr el éxito con un equipo en el que hay un *rockstar*? Pero después cambió la pregunta. Quería saber cómo se hacía, en un equipo así, para salir del estancamiento en el que estaban.

También le comenté a mi esposa la conversación que había escuchado esa tarde en el bar y que me había despertado la curiosidad por saber cómo se resuelve una situación similar en una banda de rock.

—Quizás podés hablar con tu profe de guitarra que es medio famoso, ¿cómo se llamaba? ¿El Pájaro?— me dijo mi esposa.

El Pájaro es un viejo amigo, al que quiero mucho. Un gran guitarrista y un gran profesor.

Desde niño toco la guitarra. Luego de varios años de aprendizaje, quería tocar rock y un amigo me recomendó que tomara clases con él. Le pregunté cuál era el nombre. Mi amigo me dijo: "Es el Pájaro. No sé cómo se llama". Eso fue hace unos treinta años. Primero fue mi profesor y clase va, clase viene, nos hicimos amigos. Ya no voy a clases con él, pero siempre lo recuerdo con mucho cariño. El Pájaro toca la guitarra en una banda de rock conocida en Uruguay.

—Tenés razón —le dije—. No se me ocurrió. Le voy a preguntar.

Mi esposa me miró con picardía, como diciéndome "¿qué harías vos sin mí?". Le guiñé un ojo.

–Lo voy a llamar ahora –dije–.

–Son casi las doce.

–Es la mejor hora. El Pájaro vive de noche y duerme de día.

Lo llamé al celular y me atendió con su alegría de siempre. Le comenté lo de mi charla sobre equipos y la pregunta que me habían hecho.

–No entendí mucho la pregunta, Gonza, pero ¿por qué no te venís por casa mañana? Venite a eso de las seis o las siete de la tarde así aprovechamos y nos vemos. Ahora tengo que seguir. Estamos ensayando con la banda. Estábamos en una pausa, pero me están haciendo señas de que tenemos que seguir.

La reunión con el equipo de X^n finalmente se convirtió en un almuerzo de trabajo. Convoqué a tres personas con perfiles diferentes. Patricia tiene una larga trayectoria en empresas nacionales e internacionales. Hizo toda la carrera ejecutiva hasta gerente general, donde se desempeñó por casi 15 años. Rafael fue gerente de Recursos Humanos y es especialista en talento humano. Ana Inés tiene formación y experiencia en técnicas de gestión.

Les conté las dos historias, la de los músicos en el bar y la de Audio UY.

–Lo que escuché en esos minutos en el bar –dije– capturó mi atención. Decían cosas muy parecidas a las que decimos nosotros cuando hablamos de equipos empresariales. Pero ellos hablaban de bandas y grupos musicales.

–Tiene sentido –dijo Rafael–. Son equipos como cualquier otro.

–Me gusta la idea –dijo Ana Inés–. Nos puede enriquecer.

—Mientras te escuchaba —dijo Patricia— recordé que yo algunas veces, hablando de equipos, he usado la palabra "afinar". Y lo cierto es que ya hemos recurrido a la música para hablar sobre equipos. Una de las maneras que usamos para explicarlo es lo de la guitarra de seis cuerdas.

Conversamos sobre el caso de Audio UY. Conocíamos algunos casos similares, de líderes *rockstar*, pero los caminos de solución podían ser muy diferentes dependiendo de cómo fuera este líder. La conclusión a la que llegamos fue que debíamos indagar más.

Terminé de trabajar a las seis de la tarde. Durante el día recibí una interesante llamada de una persona que también había participado de la charla.

—Quería hablar con usted, pero me vi obligado a retirarme de inmediato —me dijo un hombre que por su voz parecía bastante mayor.

Me contó que trabajaba en la oficina local de una empresa alemana del área de la construcción. Le había comentado el contenido de mi charla a su jefe y este se había mostrado interesado en hablar conmigo para plantearme una situación compleja que estaban viviendo con el equipo gerencial. Agendamos una reunión para el día siguiente a las cinco de la tarde.

Al salir de la oficina me fui directo a la casa del Pájaro. Llegué a las seis y media. Me abrió la puerta apurado.

—Aguantame una media hora —me dijo—. Estoy con un alumno.

Cerró la puerta y me dejó solo. Me senté en un sillón en el living. ¿Para qué me dijo que viniera a las seis o las siete si tenía un alumno?, me pregunté a mí mismo. La respuesta era la de siempre: no te enojes, así es el Pájaro.

A las siete y diez pasó frente a mí un adolescente con un mechón de pelo negro que le tapaba la frente, me saludó con timidez, se dirigió a la puerta y esperó hasta que vino el Pájaro.

—No encontraba la llave —dijo.

Cuando el joven se fue, el Pájaro me dio un abrazo fuerte y me preguntó:

—¿Tenés que manejar?

—Sí —le dije.

—Entonces no te invito con un trago. No hay que hacerse el loco con la tolerancia cero. Me ofreció un té de jengibre con miel.

—Es un poco picante, pero pasa bien el espirómetro —dijo y largó una carcajada.

Nunca lo había probado. Se lo acepté. Tenía razón, era algo picante. Me gustó.

—¿Cómo era la cosa, Gonza? ¿Lo de tu charla?

Me di cuenta de que la primera vez no me había escuchado con atención, así que le volví a contar todo nuevamente.

—Ayer di una charla sobre equipos y al final una mujer me preguntó cómo se logra que funcione de la mejor manera un equipo cuando el director de la empresa es una figura muy destacada, conocida por la gente y con una alta capacidad de convocatoria. Yo conozco a la empresa y sobre todo a él. Es una empresa bastante joven y con pocas personas, que ha crecido mucho. El líder es increíble. Es un orador brillante, muy admirado, y el éxito que tiene la empresa se explica porque él es muy inspirador, muy movilizador.

No le dije el nombre y esperé su pregunta, pero no estaba interesado en saber quién era. Seguí hablando:

—O sea, es un *rockstar*. Similar al típico líder de banda de rock. Un Mick Jagger, un Charly García, un Freddie Mercury.

—Un James Hetfield, ¿no? –dijo–. De Metallica. Digo, ¿no?, para poner un ejemplo más metalero.

—Eso mismo.

—¿Y cuál es la pregunta?

—La pregunta –dije– es ¿cómo se arma un equipo con una figura así? Frunció la frente y dijo:

—Ajá.

El Pájaro hizo un largo silencio. Luego volvió con una botella de vino.

—Yo no tengo que manejar –dijo y guiñó un ojo.

Se sirvió un poco de vino en una copa bien ancha, la agitó, la olió, y luego dio un sorbo bien largo.

—Gonza, lo más importante es que los que tocan en una banda de rock se involucran mucho. Son cuatro o cinco personas que dependen de cada uno. No hay ningún gran compositor, no hay un Bach, ni un Mozart, ni un Beethoven, que les escriba su música. En mi banda, cuando Pablo canta la gente se vuelve loca, siente la música en los huesos. Si te soy sincero, la banda está viva gracias a Pablo y a mí. Él y yo compusimos la mayoría de los temas. Jorge toca el bajo y el Rengo le da unos buenos palazos a la batería, y son buenos y también meten, pero los que la estamos peleando en el día a día somos nosotros dos. Nos pasamos largas horas juntos creando canciones y metiendo arreglos. Y además tocamos mucho. Ensayamos todos los días y tenemos toques una o dos veces por semana. Eso nos mantiene la adrenalina bien arriba y cuanto más tocamos mejor sonamos.

—¿Es así siempre? –pregunté–. Quiero decir: ¿en todas las bandas es así?

—No sé si en todas, pero las que conozco yo funcionan así: hay una o dos personas con talento y pasión que lideran y luego hay muy buenos músicos que acompañan. Pero más allá de eso, es muy importante meter horas y tocar mucho en público.

No sabía cómo decírselo, pero se lo tenía que decir si quería que me respondiera a la pregunta por la que había ido a visitarlo.

—Pájaro, eso es cierto. Pablo y vos se juegan el pellejo todos los días por la banda. Vos sos un maestro con la guitarra y hay gente que sigue a la banda por vos. Pero tenés que reconocerlo: sin Pablo, la banda sería otra cosa.

—Es lo que dije, Gonza. Cuando el flaco canta, la gente se enloquece.

—Me lo dijiste, pero perdoná que insista.

—¿Cuál es la pregunta, entonces? —dijo el Pájaro.

—La pregunta no es cómo te relacionás vos con él, sino cómo hacen para funcionar como un equipo. ¿Cómo hicieron para crear la banda? ¿Cómo hicieron para que Pablo pudiera lucirse, convocar multitudes, pero que al mismo tiempo los demás, Jorge, el Rengo y vos, jugaran un papel importante?

—Aaaah —dijo—. Entiendo.

Miré la copa de vino y estaba vacía. Se sirvió nuevamente.

—Bueno... —dijo—... Creo que ya te pesqué...

El porqué del sobrenombre de "El Pájaro" se responde de manera fácil: tiene un cuello largo y siempre está con los pelos parados como si tuviera un penacho. La cresta se le forma en parte por el corte de pelo, pero también porque cuando piensa o se emociona tiene un gesto muy divertido: con los dedos de las manos se levanta todo el pelo hacia arriba. Lo hace cuatro o cinco veces seguidas, hasta que se enfoca nuevamente.

Eso fue lo que hizo en ese momento.

–Lo primero es lo primero, Gonza. Quizás me expresé mal y te hice pensar que yo no me doy cuenta, pero sí, me doy cuenta. Los que tocan en la banda con alguien así, con un Pablo, deben asumir que hay uno que convoca multitudes. Esas multitudes son personas. Personas que nos van a ver, personas que nos aplauden, personas que pagan entradas, personas que compran discos. En definitiva, personas que nos permiten hacer lo que amamos. Y esas personas, en un altísimo porcentaje, vienen a vernos porque quieren escuchar a Pablo. Si no entendemos eso, no lo aprovechamos y al mismo tiempo no respetamos y cuidamos a Pablo, estamos perdidos.

–Eso está muy bueno –dije.

–Pero… –dijo el Pájaro.

Repitió su gesto de levantarse el pelo y hacerse una cresta.

–Pero también es muy importante cómo nos trata Pablo a nosotros. Él sabe que es el número uno, pero nos respeta como músicos y como personas. No nos usa, no nos tiene de sirvientes. Se pone a la par de nosotros, sin dejar de ocupar el lugar central. Nos pide que probemos y nos arriesguemos y no nos mata si le erramos en algo, porque sabe que cada uno agrega algo distinto y con eso la banda va a sonar mejor, y si la banda suena mejor, a él también le va a ir mejor.

–Eso es clave –dije.

–Pablo entiende claramente que cada uno juega un rol destacado en la banda, a él le toca ser el más visible, pero eso no lo hace más importante. Hace bromas diciendo que el día que se "la crea" le peguemos un par de tortazos. Según él, cuando uno se cree más que los demás es cuando se acaba la banda. Mirá a los Beatles: es una pena que se hayan separado. Los Rolling también se separaron, pero se dieron cuenta y ¡se volvieron a juntar! Lennon, McCartney, Jagger siguieron con sus carreras como solistas y les fue bastante bien, pero no se compara con los Beatles y los Rolling, que crearon cientos de canciones que fueron hits. Freddie Mercury se separó también y volvió cuando se dio cuenta que él era quien era gracias al resto de Queen.

—Lo que me decís es que cuando el ego se pasa de la raya es cuando se desarma la banda.

—¿El ego se pasa de la raya? —repitió imitando mi voz—. Mirá que hablás en complicado, eh, pero creo que sí. *¿Pesqué por dónde iba la cosa, no?* —dijo con una sonrisa.

Asentí con la cabeza. Era tarde. Me despedí del Pájaro con un abrazo.

—¿Te sirvió de algo lo que te conté? —me preguntó en la puerta.

—De mucho.

—Después contame si encontrás algo que tengan en común una banda de rock con una empresa, para mí es una locura…

Al día siguiente, el equipo de X^n se reunió nuevamente.

Comencé con un resumen de la conversación con el Pájaro y comenté algunas de las conclusiones a las que había llegado.

—Lo primero que observé —dije— fue algo que hemos visto en muchas empresas. Más allá de que exista una figura descollante en un equipo, que exista un Messi, o un Mick Jagger, un equipo logra altos desempeños en forma perdurable cuando pone en primer lugar al equipo. Cuando sus miembros, todos, ponen al equipo primero y los individuos después. Cuando asumen que todos ganan o todos pierden. Si en el equipo hay una estrella, un *rockstar*, se deben tener mayores cuidados. El *rockstar* tiene que ser considerado como tal entendiendo las implicancias que tiene que de él o de ella dependa el éxito de todos.

–Debe ocurrir lo mismo que en las empresas. Hay dos tipos de estrellas –dijo Rafael–, las que tienen actitud de equipo y las que no.

–Las últimas son las "prima donnas" –dijo Patricia–. Son las estrellas que creen que el mundo gira alrededor de ellos.

–De forma explícita o enmascarada –dijo Rafael, desde su óptica de Recursos Humanos– toman al resto como sus asistentes y servidores que hacen lo que les ordena.

–Una de las cosas que el Pájaro me dijo, textualmente, fue: "Pablo no nos usa, no nos tiene de sirvientes".

–Pero Gonzalo –dijo Patricia–, este es un problema que va más allá de que sea una verdadera estrella o no. Hay muchos que se creen que lo son y están muy lejos de serlo.

–Sin duda –dije.

–He visto organizaciones –siguió hablando Patricia– que funcionan en base a estas "prima donnas". Pueden tener buenos resultados si es alguien realmente descollante técnicamente, alguien fuera de serie, un verdadero Rey León.

–Hay millones de jugadores de fútbol –agregó Rafael–, pero solo nacen 1 o 2 por década que podríamos calificar de superestrellas.

–No es muy común ver a un Rey León –dijo sonriendo Patricia–. Lo más común es ver a millones de gatitos que se creen leones.

–Y si lo hubiera –dijo Ana Inés–, en el supuesto infinitamente improbable de que haya un verdadero Rey León en el equipo, no siempre son positivos. Hay que tener cuidado con estos personajes. Crean organizaciones totalmente dependientes. El Rey León no puede faltar nunca, tiene que estar siempre presente pues quienes los rodean en general son sus súbditos. Los que trabajan con él o ella y técnicamente son de alto nivel y más aún aquellos a los que les gusta jugar en equipo, huyen rápidamente de esta situación. Se van para otro equipo y solo se quedan los peores.

–Una de las razones más comunes –dije– de la separación de varias de las grandes bandas de rock es una guerra de dos leones por el lugar de rey. Las nuevas dos bandas son formadas por nuevos súbditos que durarán hasta que haya un nuevo león que se rebele.

–Lo que yo he visto –agregó Ana Inés–, es que, si la "prima donna" es el dueño de la organización, al menos está asegurada su retención y tiene el derecho de tomar las decisiones mientras siga activo. Pero cuando el dueño desaparece lo más común es que también desaparezca la organización.

–Esto ocurre –dije– también en las bandas de rock. No siempre es un gran problema porque a los seguidores de la banda pueden no interesarle que siga si su estrella ya no está. Sin embargo, en un equipo deportivo o en una organización empresarial esto sí que es un gran problema.

Ana Inés levantó la mano como si estuviera en un salón de clase.

–No terminé la idea… –dijo–. Hay otros casos en los que esta "prima donna" no es el dueño de la organización, entonces el dueño es un sirviente más que está siendo usado hasta que la figura sea tan famosa que esté en condiciones de armar su propia empresa y llevarse a todos sus clientes. Es el típico ejemplo del peluquero que se crea una clientela en la peluquería de otro y luego inaugura enfrente su propia peluquería.

Tomé algunos apuntes. Patricia también escribió algo en su computadora.

–Todos los escenarios anteriores no son más que juegos de poder –dijo Patricia.

–Porque son escenarios donde la actitud de equipo no está presente– dijo Rafael.

—Como dijo el Pájaro —agregué—, cuando los egos dominan, el equipo se termina. Ningún equipo sobrevive si su estrella no tiene actitud de equipo. En los equipos verdaderos, cada vez que aparece una "prima donna" la remueven.

—Tenemos que tener cuidado. Este es un caso que nos plantean mucho en las empresas: Tengo una figura que es excepcional, pero tiene a sus colegas en jaque. Es inaceptable ¡La actitud de equipo es un valor compartido que no es negociable! Gonza, tenés que validar esto con Otero —reforzó Rafael.

—Es muy diferente —dijo Ana Inés— cuando en el equipo la estrella tiene actitud de equipo. Su situación no es fácil de manejar, porque una figura descollante, desequilibrante, es una variante en un equipo, que debe ser considerada especialmente. Al ser alguien que aporta un valor especial, los restantes miembros del equipo deben ayudar a que brille, porque su brillo los ilumina a ellos también. Mick Jagger toca con varios de los mejores músicos del rock mundial. Eso lo potencia a él, pero también potencia a Keith Richards, a Ron Wood y a Charlie Watts. ¿Viste que yo también hablo de bandas de rock? —me dijo bromeando.

—Ya veo —dije sonriendo.

—Mi imagen de Otero, a priori, es que es una estrella con actitud de equipo —dije.

—Es posible. Pero no lo des por sentado —sugirió Patricia—. Es un factor que hay que verificar, porque es totalmente determinante.

Abrí la computadora y escribí algunas reflexiones, en particular, sobre "valores compartidos" que necesitaba validar en Audio UY.

- *Cuando algún **ego** domina, el **equipo** se termina,*

- *En un **equipo** no pueden **existir** prima donnas.*

- *Las estrellas con **actitud de equipo** son una **joya**, tenemos que aprovecharlas porque hacen **brillar** a todos los demás. Debemos **cuidarlas** y apoyarnos en ellas para **desarrollar** a las nuevas generaciones.*

Capítulo 3

Los constructores alemanes

–Nuestra empresa tiene la reputación de llevar la "planificación al límite". Nuestra área de acción es la construcción y en este rubro la planificación es fundamental.

Así comenzó la conversación con Thomas Schultz, gerente general de la oficina local de la empresa alemana SPC Tec Industries. En la reunión estaban presente Schultz y Carlos González, gerente de Recursos Humanos, quien me había llamado el día anterior para agendar la reunión. No percibí el acento alemán cuando escuché hablar a Schultz. Apenas un poco. Se lo mencioné.

–¿Usted es alemán? Al hablar no tiene casi acento.

–Sí, soy alemán, pero por motivos laborales de mi padre, en mi niñez y adolescencia viví varios años en Argentina y algunos meses en Uruguay.

Sonrió con sobriedad.

–Con respecto a lo que decía inicialmente –dije–, coincido con usted. Es una gran virtud trabajar de forma ordenada, organizada y previsible. Soy ingeniero y además me formé en Gestión de Proyectos. Es muy bueno estructurar los proyectos de construcción sobre bases sólidas, con definiciones claras y planes detallados.

Pensé que Schultz simpatizaría con mis palabras, pero le vi un gesto adusto, que no supe deducir si era de discrepancia, molestia o preocupación.

–Eso es lo difícil –dijo González.

–Estamos trabajando en varios proyectos –agregó Schultz–, la mayoría de ellos en el área industrial. No lo quiero aburrir detallándole todos.

–No hay problema. Tengo tiempo –dije.

–Hay un proyecto en particular que nos preocupa –dijo González–. Y además es el más importante.

–Es un dolor de cabeza –dijo Schultz.

Lo dijo de una forma medida, controlando sus emociones. Pero a pesar de ese "control", me resultó simpático que por un momento se comportara de modo menos racional y que –aunque tibiamente–, también expresara cómo se sentía.

–¿Qué está pasando? – pregunté.

–Se trata de un proyecto de construcción de una unidad de logística –dijo Schultz–. Es una obra bastante compleja, porque tiene zonas de almacenamiento, áreas de ingreso de camiones, áreas de carga y otras unidades.

–Hay aspectos de seguridad que requieren meticulosidad –agregó González–. No se trata solo de la seguridad para la prevención de robos o destrozos, sino que también se trata de seguridad laboral y de cuidados medioambientales e incluso hay temas de protección de la propiedad intelectual.

–Ya veo. Muy complicado.

–El cliente además es muy exigente –dijo González.

–Por eso nos contrató a nosotros –dijo Schultz.

Esbocé una sonrisa, pero como Schultz lo dijo con absoluta convicción rápidamente detuve mi gesto y esperé. No era una broma. Era lo que pensaba y sentía. Podía incluso ser más que eso: un sutil rezongo a González, por mencionar el hecho de que el cliente era exigente, algo que para la empresa se daba por descontado.

–Es una obra muy grande. En la primera etapa elaboramos los planos y definimos el plan de construcción –explicó Schultz–. Antes de comenzar la obra le entregamos al cliente los planos detallados de todo el proceso. Cuando digo "todo", me refiero a todo. Por ejemplo, por dónde pasa cada caño de agua, su ancho, su material, etcétera. Por dónde pasa cada cable de electricidad. Cada camino, sus dimensiones, los materiales que serán utilizados. En fin…

–Entiendo –dije.

–Ese detalle, esos planos, son fundamentales –dijo Schultz–. Ahora que comenzamos la construcción de la obra, el responsable de cada parte debe leer las instrucciones y los planos y ejecutarlos tal como fueron definidos. Lo tienen que seguir al pie de la letra porque eso es lo que acordamos y lo que le prometimos al cliente. Cualquier cambio que se realice es un serio problema. Por supuesto que en algunos casos ocurre, pero debe ser mínimo. No es solo porque el cliente lo exige. Es lo que nosotros recomendamos, porque consideramos que es la mejor manera de trabajar.

–Déjeme ver si entendí –dije–. En esta obra cada cambio exige ser negociado con el cliente y además puede tener efectos sobre la ejecución del proyecto. A veces se puede evitar que tenga impacto hacia "adelante" o "hacia los costados", pero muchas veces no.

–Lo entendió perfectamente –dijo Schultz–.

–¿Y cuál es la complicación que tienen ahora? –pregunté.

Schultz hizo una pausa y pensó bien lo que iba a decir.

–Tenemos que terminar la obra antes de fin de año. Hay mucho dinero en juego. Hay multas.

En medio de la frase salió de su formalidad y sobriedad y habló con voz tensa y emotiva, evidenciando cierta frustración.

–Si no lo hacemos, estamos terminados. Y si seguimos así, no llegamos.

–En todo proyecto –dijo González–, y en especial en los proyectos de construcción, hay muchas reglas, cronogramas, reuniones de seguimiento, informes. Se requiere trabajar con un equipo muy consolidado, comprometido, y le confieso que no lo hemos logrado. Le pido confidencialidad con lo que le voy a decir…

–Sí, por supuesto –dije–. Aunque no me lo hubiera mencionado, siempre consideramos que lo que nos dice un cliente es confidencial.

–Muchas gracias –dijo Schultz.

–La verdad –continuó González– es que hay conflictos en el equipo, no hay un buen ambiente y hay retrasos importantes.

Schultz meneó la cabeza hacia los lados. Su gesto era una mezcla de negación con contención. Noté que González lo miraba con preocupación.

–Seamos claros –dijo Schultz–. Esto está muy mal. Yo no sé lo que pasa. No sé si hay problemas entre las personas. No sé si son incompetentes. No sé si somos nosotros, en la alta dirección, los que estamos fallando. No logramos avanzar y si no encontramos una solución rápida, no vamos a cumplir con los plazos estipulados y eso va a significar un costo muy alto para nuestra empresa.

González me miró con gesto interrogativo.

–¿Se le ocurre algo? –preguntó tímidamente.

Largué una bocanada de aire. Fue una larga expiración. Me sentí un poco tenso, y el hecho de largar el aire me alivió. Percibí que González y Schultz hicieron lo mismo.

—En primer lugar, les agradezco la confianza. Y les prometo ser muy cuidadoso con la información que me confiaron.

Schultz levantó la mano como diciendo "no se preocupe".

—En segundo lugar, sería aventurado darles una opinión sin conocer un poco más al equipo. Seguramente son muchas personas. Pero sospecho que hay un director o gerente de Obra, y que también hay gerentes o responsables de áreas claves del proyecto. Me gustaría hablar con ellos.

—Efectivamente —dijo Schultz—. Hay un director de Obra. Es un alemán, Ernst Bitter, que vino de Múnich para dirigir esta etapa del proyecto. No hay problema, puede hablar con él.

—¿Habla español? —pregunté.

Fue la primera vez que los vi sonreír, a ambos, de manera distendida.

—No muy bien —dijo González—. Él cree que lo habla bien —sonrió—, pero le soy sincero: lo habla bastante mal. Tiene muy buen inglés. ¿Usted habla en inglés?

—Sí, sí, en inglés no tengo problema. De alemán no entiendo nada —sonreí.

—Entonces, mejor hable con él en inglés —dijo sonriendo Schultz y miró en dirección a González: —También podría hablar con Méndez y con Peñagaricano.

González asintió y me explicó:

—La arquitecta Laura Méndez está a cargo de la obra, de la construcción en sí. Está a cargo de más cosas, pero principalmente de lo que refiere, digamos, a "ladrillos, hormigón y acero". El ingeniero Leonel Peñagaricano está a cargo de la parte tecnológica, de todos los sistemas que se van a instalar.

–Genial. Hablo con ellos entonces. En mi equipo tenemos especialistas en recursos humanos y sería muy importante también juntarnos con la persona que esté a cargo de esa área.

–Margarita Apud es la persona –dijo González–. No hay problema.

–Perfecto –dije–. El equipo de X^n ya ha trabajado en casos similares y tengo confianza en que podremos ayudar en este caso.

–Algunas cosas intentamos hacer, pero no han dado resultado.

–Lo que me acaban de contar se parece a lo mismo que le debe pasar a una orquesta de música clásica. Quienes van a escuchar la obra quieren escuchar un sonido único, la combinación del sonido de varios instrumentos. En algún caso puede haber un "solo", pero generalmente la música es el resultado de muchos instrumentos sonando simultáneamente. Para que todos juntos funcionen con armonía, cada músico tiene su partitura, y debe ejecutarla con precisión, pero también con sentimiento.

También hay un director de orquesta que dirige y que trabaja con cada músico y con grupos de músicos. La orquesta ensaya para ejecutar la sinfonía de la manera en que su creador la concibió. Lo que ustedes quieren lograr se parece mucho a lo que espera un espectador de un concierto, que todo suene afinado, armónico y que se ejecute la obra tal y como fue compuesta.

–Muy interesante, me gusta mucho la música clásica –dijo Schultz.

En ese momento me di cuenta de lo que había dicho. Había comparado un equipo empresarial, como el de esta empresa de construcción alemana, con una orquesta sinfónica.

Me di cuenta de que la conversación que había escuchado en el bar las Rosas y el diálogo con mi equipo haciendo comparaciones con la música había calado muchos más hondo en mí de lo que yo mismo creía.

Traté de hacer memoria, pero no recordé a ningún amigo o conocido que tocara o tuviera algún vínculo con una orquesta sinfónica. No tenía un "Pájaro" con el que hablar. Tenía que encontrar sí o sí a los músicos del bar.

Después de la reunión me fui directamente al bar las Rosas. Al entrar, vi dos guitarras apoyadas contra la pared y me pareció ver de espaldas al roquero. Sentí una alegría inmensa, que me duró poco. El flaco roquero era el mismo que discutía el día anterior, pero las personas que lo acompañaban eran otras. Parecían ser de su "mismo palo", otros roqueros, quizás sus compañeros de banda.

Con quién necesitaba hablar ahora era con la señora que tocaba en la orquesta, a la que el roquero le había dicho "prolijita". Pero ella no estaba. Igual me acerqué.

–Disculpen –dije–. Disculpen que los interrumpa un momento.

Un rubio con una larga melena, con un estilo surfista y con cara de serenidad y paz, me miró con gesto agradable.

–Ayer yo estaba en el bar... –dije.–

El flaco me miró y frunció el ceño, como si hiciera una búsqueda rápida en su memoria, y luego levantó las cejas.

–Sí, sí, sí –dijo–. Estabas al lado nuestro. Te pedí permiso para colocar la guitarra.

–Eso mismo –dije alegre–. *¿Estabas con otras dos personas, no?*

–Es así.

–No sé cómo explicarme... –dije.

—Como puedas —dijo el rubio surfista y guiñó un ojo—. Decí lo que sea, que acá lo vamos a interpretar de la mejor manera... Somos muy buenas personas —sonrió con sarcasmo.

—Sentate —me dijo un grandote vestido con cueros. Corrió una silla.

Tenía una voz ronca, de cigarro y whisky, como la de Pappo, el blusero argentino.

—Gracias —dije y me senté.

Se hizo un silencio.

—Primero, me presento. Me llamo Gonzalo Noya. Trabajo en una consultora que ayuda a las empresas a mejorar su desempeño. Una de mis tareas principales es ayudar a equipos de trabajo a lograr sus objetivos. Ayer estaba en la mesa de al lado y lo escuché a él —miré al flaco— con otras personas discutiendo sobre cuál es la mejor música. Me parecieron geniales las cosas que escuché. Sospecho que es muy similar a la discusión sobre cuál es el mejor equipo en una empresa u organización. Nosotros nos planteamos la misma pregunta ¿cuál es la mejor forma para crear algo importante y hermoso entre un grupo de personas?

—La mejor música es el rock —dijo el grandote con voz áspera.

—Yo voto por el rock —dijo el flaco.

—La mejor música son los mantras —dijo el rubio—. Trabajan sobre tus energías.

—No seamos guarangos —dijo el grandote—. El amigo se presentó. Vamos a presentarnos. Yo soy Claudio y me dicen Papo. ¿Te imaginarás por qué?

—Por Pappo.

—Pero yo soy Papo con una sola pe.

–Y yo soy Leonel –dijo el flaco.

–Yo soy Ismael –dijo el rubio–. A él le dicen Leo y a mí, Isma. El apodo de Papo es bastante obvio, pero al menos es más creativo. Los nuestros dan pena.

–Encantado –dije.

–¿Te gusta la música? –me preguntó Ismael.

–Sí, mucho. Desde chico toco la guitarra. Alguna vez hice alguna experiencia con unos amigos en Facultad de Ingeniería. Soy ingeniero también.

–¿Y llegaron a tocar en público? –pregunta el flaco.

–Alguna vez tocamos en ambientes universitarios –dije–.

–¿Cómo se llamaban? –preguntó Papo.

Me dio un poco de vergüenza. Cuando éramos jóvenes estábamos convencidos de que el nombre que habíamos inventado para la banda era ingenioso y divertido, pero en realidad no era más que un típico juego de palabras de ingenieros.

–Los piratas para–lelos –dije.

Nadie se rio.

–Está bueno el nombre –dijo Ismael–. Me gusta.

–Gracias –sonreí–. Duramos poco. En mi caso, tuve que elegir. Era joven y hacía muchas cosas y tuve que priorizar. Lo hice por la ingeniería y el trabajo en empresas.

Pero nunca dejé la música.

–Una vez que la música se te mete en la sangre se queda allí para siempre –dijo Leonel.

Leonel me puso una mano en el hombro y me dijo:

—Estabas diciendo que ayer nos escuchaste hablar acerca de cuál es la mejor música. Siempre hacemos lo mismo y nunca nos ponemos de acuerdo. Con quienes hablaba ayer era con Cacho, que toca el saxo en una banda de jazz, y con Mary, que toca el violonchelo en una orquesta sinfónica. Cacho toca en Red Kings, que hace una música de jazz exquisita. Tiene su prestigio, pero tocan para pocos. Y Mary es violoncelista en la Orquesta del Sodre. Muy buena, pero toca cosas aburridas —largó una carcajada.

Miró hacia sus compañeros.

—Cacho y Mary son compañeros en la Escuela de Música. Los tres somos profesores.

—Mary es una divina —dijo Ismael—. A Cacho no lo conozco, pero Mary es un ángel, con alitas y todo.

—¿Cómo la puedo ubicar? —dije—. Necesito hablar con ella.

Los tres largaron una carcajada. Ahí me di cuenta de que había quedado conectada la frase de Ismael diciendo que Mary era divina, un ángel, y mi deseo de ubicarla.

—No, no, no —dije.

Se rieron nuevamente.

—No, no es por eso —dije—. Es por una cosa que dijo ayer.

—¿Qué dijo? —preguntó Ismael con picardía.

—No, no. Nada que ver —me sonrojé.

—No rompas, Isma —dijo Papo y su vozarrón resonó en el bar—. Dejalo hablar.

Ismael juntó las dos manos en señal de namasté e inclinó levemente la cabeza.

—Era una simple chanza, hermano Gonzalo.

Los tres me miraron. Era mi turno de hablar. Esta vez en serio.

—Hoy tuve una reunión con una empresa constructora. Me plantearon un problema. De pronto a mí me salió decirles que ejecutar una obra de construcción era como ejecutar una obra sinfónica. Que un equipo de construcción es como una orquesta. No sé por qué me salió esa metáfora, porque nunca la uso.

—Pero me gusta —dijo Papo—. Está buena.

—Se me ocurrió la idea de conversar con músicos para que me cuenten cómo funcionan las bandas, grupos, orquestas y así enriquecer el análisis y las soluciones para los equipos empresariales. Cuando apareció este caso de la constructora, pensé que ella podía contarme experiencias en orquestas y analizar similitudes y diferencias.

—Nunca se me hubiera ocurrido —dijo el flaco—. ¿Te parece que puede funcionar?

Leonel se tiró hacia atrás en la silla. Giré la cabeza para poder hablarle.

—Ya me funcionó, cuando te escuché hablar sobre el rock. Un par de horas después, al finalizar una charla que di, una señora me hizo una pregunta, y recordé lo que vos dijiste ayer sobre las bandas de rock. Apenas salí me vine para acá, para el bar, pero ya se habían ido.

—¿Y?

—La sincronicidad —dijo Ismael—.

Sus amigos lo miraron intrigados.

–¿Qué? –le preguntó Papo.

–La sincronicidad –insistió Ismael–. ¿No ven la sucesión de hechos encadenados que parecen casualidad? Pero no lo son. ¡Qué maravilla!

Papo lo palmeó en la espalda, me miró y dijo:

–Gonzalo, seguí hablando. Olvidate de Ismael.

–Todo bien –dije y miré a Ismael–. Comparto lo de la sincronicidad.

–Vos seguí hablando –insistió Papo.

–Bueno… El asunto es que tengo un amigo que toca en una banda de rock. Le va muy bien. Lo conozco desde hace años. Fue mi profesor de guitarra.

–¿Quién?

–El Pájaro, de la banda Espinas.

Leonel se reincorporó en la silla.

–Uh, un grande –miró a Papo–. ¿Lo conocés?–

–Sí, claro. La descose. Tremendo guitarrista.–

¿Es tu profesor? –me preguntó Leonel.

–Fui a clases con él hace varios años. Hace un tiempo que no voy.

–¿Y hablaste con él sobre lo de esa señora y la pregunta? –preguntó Leonel.

–Sí. Y estuvo bueno –dije–. Me ayudó mucho.

—Ahora me tengo que ir —dijo Leonel—. Pero me tenés que contar esa charla. Me interesa.

—Por supuesto, con todo gusto.

Leonel se puso de pie y tomó su guitarra. La apoyó contra una pierna.

—Yo voy ahora para la Escuela de Música. Si veo a Mary le comento el tema. Dame tu teléfono, así los pongo en contacto. Le di los datos.

—Yo supongo que le va a gustar hablar del tema. Cualquier cosa te aviso.

Se levantaron también Ismael y Papo. Papo se dirigió a la caja.

El flaco se estaba yendo cuando dio la vuelta:

—Pero con una condición.

Lo miré sorprendido.

—Cuando te juntes a hablar con Mary, quiero escuchar esa conversación. Me dejaste intrigado.

—Aaaah —dije aliviado—. Por supuesto. No hay ningún secreto. Y que vos participes va a ser más rico aún.

Volví a la oficina y continué trabajando en el "Caso del equipo roquero", como finalmente lo titulé. Me encontré con Patricia y Rafael y les comenté sobre la reunión con la empresa constructora.

—Yo seguiría conversando con los músicos —dijo Patricia—. Está bueno. Nos confirman algunas conclusiones a las que hemos llegado sobre el mundo empresarial y además nos aportan visiones nuevas.

–Por lo que contás –dijo Rafael–, en la constructora se percibe que hay un problema humano importante. Quizás más que el racional.

–Yo sentí lo mismo –dije.

Recordé que había dejado la tarjeta de la señora de Audio UY en el bolsillo del saco y que la había sacado en la noche y la había guardado en un tarjetero.

El nombre de la señora era Leticia Rodríguez. Le envié un mail contándole que había estado investigando el tema y que tenía algunas ideas para comentarle. Al final le pregunté cuándo podía reunirse.

Me contestó una media hora después y quedamos para la siguiente semana, el lunes de tarde. La demora me venía bien para "descontaminarme" un poco en el fin de semana y revisar nuevamente el tema el lunes por la mañana.

Una hora después recibí por WhatsApp un mensaje de Mary, la violonchelista. Me decía que Leonel le había explicado por arriba el asunto y que le había parecido interesante. Detrás de ese mensaje vino otro: "Lo más probable es que mañana de tarde vayamos al bar con Leonel y Cacho". Un tercer mensaje decía: "Salimos a las 5 y llegaremos a las 5.10-15. Le contesté "Muchas gracias. Mañana paso por el bar". Su último mensaje decía: "Te aviso cuando lleguemos para que no vayas inútilmente".

Capítulo 4

La orquesta de Mary

Al día siguiente, a las cinco y media de la tarde, me llegó un mensaje de Leonel.

—Estamos en el bar. Venite cuando quieras.

En ese momento me encontraba reunido con mi equipo, pero por suerte la reunión ya estaba terminando. Al leer el mensaje avisé que me tenía que ir. Distribuimos las tareas, saludé y me fui para el bar.

Los músicos me recibieron con mucha amabilidad.

—Invito yo –dije, y llamé al mozo.

No se opusieron a mi invitación, pero fueron muy modestos: Leonel y Cacho pidieron un café y Mary un té. Yo pedí un capuchino.

—¿No quieren comer algo? –dije, pero ninguno aceptó.

—Estoy intrigado –dijo Leonel–. ¿Cuál es el problema con la empresa de construcción? Les conté el caso, pero con pinceladas gruesas. En realidad, no hablé del caso específico sino que lo generalicé a cualquier empresa de construcción, porque por experiencia sabía que es el modo de operar en este sector. Había prometido confidencialidad, por lo que no mencioné el nombre de la empresa, ni el problema real, ni que era alemana, ni ningún dato que permitiera deducir cuál era la empresa ni lo que estaba pasando. Eso sí, les conté que era un proyecto de construcción grande y que la empresa estaba bajo presión, con plazos acotados y con riesgos de pagar multas por incumplimiento. También les conté que el impedimento principal para avanzar eran los conflictos personales.

Les hice el cuento con mucho entusiasmo, hasta que miré con detenimiento a Mary y a Cacho y me di cuenta de que los había abrumado y que estaban confundidos. "Se estarán preguntando, pensé, ¿de qué nos habla este loco? ¿Qué tenemos que ver nosotros con todo esto?".

Hice una mueca y luego dije:

–Creo que hablé muy apurado y los entreveré.

–Te confieso –dijo Mary– que aún no capto por dónde viene la cosa.

Concluí que lo mejor era avanzar y más adelante buscar los posibles puntos de contacto.

–Lo voy a plantear de manera diferente –dije–. Mary, ¿te puedo hacer una pregunta?

–Sí, claro.

–¿Alguna vez tuviste un problema parecido? O dicho de otra manera, ¿conocés algún caso de una orquesta que no funcionaba bien, había muchos conflictos entre las personas y tenían que estrenar una obra en breve?

–Ahhhh –dijo Mary–. Ahora *c–r–e–o* que te entendí. Conozco un caso, porque yo lo viví. Fue horrible.

–¿Qué pasó? –preguntó Leonel intrigado.

–Ocurrió hace muchos años, en una de las primeras orquestas que integré. Teníamos solo dos meses para prepararnos y todo salió mal.

–¿Todo mal? –preguntó Leonel.

–Toooodo maaaal –dijo ella–. Pero me estoy apurando. Voy a empezar por el principio.

–Dale –dije.

–En una orquesta sinfónica hay algo que está antes que un director y que los músicos.

Hay un compositor, alguien que escribió la música que se va a interpretar.

–Es verdad –dije–.

–Nosotros, los músicos, lo que ejecutamos es una obra maestra compuesta por un músico brillante. El compositor imaginó el sonido de cada uno de los instrumentos. Eso está escrito en una partitura donde está todo lo que precisamos para interpretarla.

–Y en la construcción están los planos –dijo Cacho y me miró con picardía–. Son como partituras.

–Es cierto –dije–. Tienen similitudes. En la construcción no hay un solo compositor, pero lo cierto es que hay un proyecto, una idea, que a veces es de un solo arquitecto, a veces es de un estudio de arquitectos, y luego esa idea es ejecutada por varias personas.

–No sé mucho de construcción –dijo Mary–, pero cuando construimos nuestra casa ocurrió eso. El arquitecto hizo todos los planos. Cuando el constructor y cada uno de los técnicos, como el electricista, el sanitario, el instalador del aire acondicionado, el de la alarma, hizo su trabajo, cada uno tenía un plano con lo que le correspondía hacer.

–Es muy importante la dirección de obra –dije–. En la construcción de casas, muchas veces es el propio arquitecto quien se hace cargo de la obra, pero en construcciones más grandes no siempre es así.

–Eso era lo otro que les quería decir –dijo Mary–. El director de la orquesta toma esa partitura y se encarga de que cada uno de los músicos interprete su parte en el momento justo, en perfecta armonía y sincronización y con todo su corazón y su pasión. En los ensayos el director trabaja con los músicos para lograr la mejor ejecución posible.

Me miró esperando una respuesta de mi parte, como si hubiera perdido el hilo de su relato. No tenía pensado hablar, pero aproveché la pausa y le pregunté:

–¿En algún caso ocurrió que el director de la orquesta y los músicos o grupos de músicos no se pusieran de acuerdo? ¿Y que la obra corriera el riesgo de no poder estrenarse en la fecha prevista?

–Ahí va, ahí va. Ahí era hacia dónde iba. Te cuento lo que pasó –dijo.

–Dale, dale –dijo ansioso Leonel.

–Como les dije, todo salió mal. Ese es el final. La explicación para mí fueron las actitudes de algunas de las personas a las que se contrató a las apuradas. En una orquesta no puede tocar cualquiera. En este caso había mucha gente mediocre. Tocaban su parte y listo. Solo cumplían. No se esmeraban. Les marcaban un error y lo corregían, pero nada más que eso. No es suficiente. En una orquesta es necesario que cada músico interprete la música de manera perfecta, además de hacerlo con mucho sentimiento.

–Totalmente de acuerdo –dije.

–Además, en muchas obras clásicas hay momentos en que hay "solos" o momentos en los que toca un grupo de instrumentos y el resto de la orquesta está en silencio. Es como si la maestra te hiciera pasar al frente a dar la lección. Los focos están todos puestos en vos. Recuerdo que estábamos ensayando la *Obertura de Guillermo Tell* de Rossini. En el preludio hay un pasaje lento que comienza con cinco violonchelos. Solo los violonchelos.

–No la conozco –dije.

Se rio. Cacho y Leonel también.

—Por el nombre es difícil —dijo—. Si la escuchás, seguramente la reconocés enseguida. Sobre todo, la parte final de la *Obertura*...

Mary la empezó a tararear y enseguida me di cuenta de qué pieza se trataba. Tiene un ritmo como si fuera una cabalgata. Cacho y Leonel se sumaron al tarareo e hicieron un mini concierto en el bar.

—Es la de *El Llanero Solitario* —dijo Leonel.

—Claro —dije.

—Ya me la destrozó —dijo Mary—. Pero es verdad, hay una parte que es la de *El Llanero Solitario*. Pero es más que eso: es una pieza genial, maravillosa, compuesta por un genio como Gioachino Rossini.

—Lo dije para que ubicara la música —dijo Leonel bromeando—. Pero no me hagas caso: seguí contando. ¿Qué pasó con la Orquesta Todo Salió Mal?

—Se hubiera merecido ese nombre. Tal cual. Bueno, lo que pasó fue que uno de los violonchelistas, con años de trayectoria, no trabajaba lo suficiente.

—Mala actitud —dijo Cacho.

—Mala actitud. O falta de actitud. O actitud equivocada —dijo Mary—. O todo junto. El tema fue que otro de los violonchelistas estaba en el extremo opuesto. Era un músico de primera línea que siempre se esmeraba para lograr una interpretación de excelencia. Y estaba furioso con el otro. Porque su desidia lo perjudicaba a él. No quiero mencionarlos por su nombre. Digamos que había uno que era Hago lo Mínimo y el otro era Doy lo Máximo.

—¿Y vos y los otros?

–Con los otros no había problema. Yo tenía poca experiencia, pero ensayaba mil horas por día. Los otros dos eran buenos músicos y rigurosos. La guerra se produjo entre Hago lo Mínimo y Doy lo Máximo. Fue insoportable.

–Te quedó buena la metáfora –dijo Leonel–. Me imagino un combate a diez rounds entre Hago lo Mínimo y Doy lo máximo. Pago por ver esa pelea.

Cacho me hizo una seña de que no había tocado el capuchino. Le di un sorbo, pero ya estaba tibio.

–¿Y el director? –le pregunté–. ¿Qué hizo?

–Ahí había un problema –dijo Mary y se derrumbó en la silla–. El director era una persona rígida y puntillosa. Era uno de esos directores de la vieja escuela, autoritarios, para quien los músicos eran como esclavos. En lugar de entusiasmarnos, nos desanimaba. Lo terminamos odiando.

–Era un tarado –dijo Leonel enojado, como si él hubiera sido parte de esa orquesta.

–Bueno –dijo Mary–. No sé.

–Es una muy buena la historia –dije–. ¿Qué pasó al final?

–Como dije, todo salió mal. Fue un verdadero desastre. El violonchelista Doy Lo Máximo siguió dando la pelea. Nosotros lo respaldamos e intentamos mediar, pero no logramos que Hago lo Mínimo hiciera un poco más. Doy lo Máximo propuso el nombre de otro violonchelista que ya había tocado ese preludio. El director de la orquesta ni lo escuchó. Le dijo: "Usted haga lo que tiene que hacer: tocar el violonchelo. Las decisiones acá las tomo yo". Pasó lo peor: pocos días antes del estreno, Doy lo Máximo renunció. Le dijo al director que la obra era un fiasco y que no estaba dispuesto a fracasar de esa manera.

–Pah, qué desastre –dijo Leonel.

—Y con él se fue el pianista, uno de los mejores y más importantes de la orquesta. Yo quedé en medio de una situación horrible. No sabía qué hacer. Antes de que tomara una decisión, se canceló el concierto. Se armó un lío bárbaro. Echaron al director. Y a partir de ahí su carrera se fue a pique.

—¿No estrenaron? —preguntó Cacho sorprendido.

—No —dijo Mary—. Yo era una jovencita. Estaba dando mis primeros pasos. Te imaginás mi frustración...

Se hizo un silencio. Leonel seguía enojado, aunque él no había sido protagonista. Mary estaba abrumada por el recuerdo de aquella historia dolorosa. Miré a Cacho, y lo único que atinó a hacer fue levantar las cejas.

—Bueno... —dije—. Es una gran historia, con muchas lecciones. Pero creo —agregué con un esbozo de sonrisa— que no se la voy a contar a la empresa constructora. Es poco alentadora.

—Noooo —dijo Mary—. Ojalá que les vaya mejor que a nosotros.

Nos reímos, un poco por la broma y otro poco para descargar emociones. Mary se incorporó y recuperó su postura elegante.

—Ojo, no fue tan horrible —dijo.

—¿Te parece que no? —dijo Leonel—. Hubo renuncias, despidos. ¡Se canceló el concierto!

—Eso es verdad. Pero la historia no termina ahí.

—¿Qué? ¿Sigue? ¿Tiene epílogo? ¿Dos finales? ¿Hay que votar por uno? —dijo Leonel con sorna.

Mary lo palmeó en la espalda.

—Calma, Leo, calma —dijo—. Esa historia terminó ahí. El teatro, como les dije, canceló la obra. Pero después empezó otra historia.

Como había muchos compromisos y presiones, el concierto se volvió a agendar para tres meses después.

–Bieeeen –dijo Leonel–. ¡La revancha!

–Se armó todo de nuevo. Una nueva orquesta. A algunos de los que habíamos estado en la primera experiencia nos invitaron nuevamente a participar. Hablamos entre nosotros y decidimos plantear algunas cosas, para no cometer los mismos errores. Les cuento el final… Sobre todo a Leonel, que está ansioso –bromeó.

–Sí, sí –dijo Leonel–. Los detalles son para Gonzalo, que es el estudioso acá. A mí decime qué pasó.

–Finalmente el concierto se estrenó y fue espectacular. Se hicieron varias temporadas.

En ese momento me di cuenta de que Mary ni siquiera se había servido el té.

–Le pedimos al mozo que caliente de nuevo el agua. ¿Te parece? Debe estar fría –dije.

–Dale –dijo ella.

Le hice una seña al mozo.

–A mí me gustaría saber algunas cosas –dije–. Algunos detalles…

Mary asintió con la cabeza.

–Dijiste que luego de la cancelación, algunos fueron invitados a seguir, y que se juntaron, charlaron y plantearon algunas cosas. ¿Qué plantearon?

Se acercó el mozo. Se llevó la tetera con el agua.

–No queríamos cometer los mismos errores –dijo Mary–. Lo que vivimos para algo nos tenía que servir. No estábamos dispuestos a trabajar con músicos que no le ponen ganas, no colaboran, y encima generan problemas.

–Los pálidos –dije yo.

–¿Qué son los pálidos? –preguntó Cacho.

–En el libro *No + Pálidas*, Enrique Baliño llama "pálidos" a esos personajes, que se quejan de todo y ponen excusas. Más aún, les dice "pálidos esféricos", porque son pálidos por donde los mires.

–Qué bueno –dijo Cacho–. Me encantó.

–A los "pálidos" –siguió Mary– los sacaron a todos. A los pálidos esféricos, o pálidos totales, o superpálidos. De esos no quedó ninguno. Obviamente se fue Hago lo Mínimo, pues su actitud era insoportable. Quedaron algunos músicos que no eran quejosos, no eran malos, pero tampoco brillantes. Continuaron porque no había gente disponible para el poco tiempo que teníamos. Lo que hizo el nuevo director, Felipe, fue ubicarlos en lugares secundarios, de acompañamiento. Y al mismo tiempo, ubicó a los mejores en los lugares más importantes.

–Conozco a Felipe. Es un genio –dijo Cacho.

–Es un fenómeno –dijo Mary–. Como era de esperar, tuvo una carrera brillante. Hoy está en Europa. Cuando asumió la dirección fue implacable. No le tembló el pulso. En los casos de músicos con actitudes muy negativas no le importaron las trayectorias: los puso en la calle de inmediato. Tampoco titubeó a la hora de hacer cambios internos en la orquesta.

–¡Qué bueno que lo haya hecho de forma inmediata! –comenté–. Cuando una persona asume un rol de dirección se aplica la regla de los 90 días. Es parecido a los primeros 100 días de un nuevo gobierno. Se considera que son los más importantes y que es el momento para hacer los cambios más radicales. Luego se complica más.

–¿Y qué pasó con Doy lo Máximo? –preguntó Cacho con cierto tono detectivesco.

–Ese es otro ejemplo del buen manejo de Felipe–dijo Mary, y asintió con la cabeza–. Habló con el violonchelista y con el pianista que habían renunciado y los invitó a reintegrarse. Fue una de las primeras cosas que hizo. Como vieron los cambios que ya había hecho, en particular que ya no estaba Hago lo Mínimo, los dos volvieron.

–¿Rearmaron la orquesta, entonces? –pregunté.

–Sí –dijo Mary–. Tres meses después era muy diferente. En realidad, no hubo tantos cambios de personas. Hubo unos cuantos, pero no muchos. Lo más importante fue... lo que vos decís... que se rearmó.

–Se aseguraron de tener gente muy buena en los lugares claves –dije–, ubicaron a algunos no tan buenos en lugares secundarios y despidieron a los más conflictivos.

–Es un buen resumen –dijo Mary.

–El cambio del director... –dijo Cacho–. Quiero decir... que el cambio de director parece que fue la clave.

–Para mí sí –dijo Mary–. Felipe es una persona excepcional. No solo por lo que sabe, sino porque te da confianza y te entusiasma.

Leonel se acomodó de una forma rara en la silla. Se tiró para atrás, pero al mismo tiempo se recostó hacia un lado. Sus movimientos y ruidos nos distrajeron.

–Reconozco ... Lo digo ahora.... –dijo Leonel, buscando las palabras correctas–.Lo que quiero decir es que ... para mí... antes de escuchar esta historia... para mí dirigir una orquesta sinfónica era como programar un grupo de robots para ejecutar lo que dice un papel. Cada uno con su partitura, ejecutando su parte sin pensar. Todo rígido. Todos vestidos de gala. Siempre me irritó la figura del director. Ese señor delante de la orquesta, en un lugar elevado y con aire solemne.

–Bueno –dijo Mary–. Hay orquestas y orquestas….

–¿Cuál es la orquesta ideal para ti? –preguntó Leonel.

Leonel estaba haciendo el trabajo por mí. Tenía una genuina curiosidad por conocer esa otra cara de la música clásica que la historia de Mary había develado.

–En las orquestas grandiosas no se trata solo de tocar bien las partituras. Hay otro nivel, en el que se crea una sutil conexión entre los músicos y entre estos y la orquesta. Es como una ola de energía, como un campo energético que se crea en el teatro, que se irradia hacia el público. Te sentís transportado, como si ocurriera algo mágico, inexplicable. Algo que no lo podés entender con la razón, pero que sin duda lo percibís. Lo empezás a sentir en los ensayos. Cuando eso aparece es como una premonición o una intuición de que estás formando parte de algo realmente grande… En el día del estreno nos pasó eso y fue brutal. Sentí como si estuviera en otro lado, conectada con algo inexplicable. No sé. No sé cómo describirlo. No hay palabras –dijo visiblemente emocionada.

Su emoción nos llegó también a todos nosotros.

–Los directores de orquesta… –dijo Leonel–. No sé cómo decirlo, pero me caen medio mal. Había un italiano que hacía unos movimientos enérgicos que me resultaban autoritarios.

–Ese debe ser Ricardo Muti –dijo Mary–, que fue director del Teatro Ópera La Scala de Milán. Es muy bueno. Un genio. Su estilo es muy intenso y da una imagen de cierto autoritarismo.

–A eso me refiero –dijo Leonel.

–Pero el rol de un gran director de orquesta no es controlar, es inspirar –dijo Mary.

Escuché esa frase y me encantó. Me incliné hacia delante para escuchar mejor.

—Benjamin Zander —continuó Mary—, que dirigió la Filarmónica de Boston, decía que un director no emite ningún sonido y que su poder depende de la habilidad de hacer que otros toquen maravillosamente. Tiene una frase hermosa: dice que la tarea de un director es despertar posibilidades en los otros.

—¿Felipe era así? —preguntó Cacho.

—Felipe hacía eso, él no brillaba, hacía que nosotros brilláramos. Nos daba todo y nosotros le dimos todo. Empezó por darnos algo fundamental: confianza. Nos escuchaba. Nos exigía, pero nos dejaba hacer, nos daba espacio para crear. Si había un conflicto entre dos personas él intentaba no meterse, pero se aseguraba de que lo resolveríamos.

—¿Te pasó alguna vez? —preguntó Leonel.

—Sí —dijo—. Un día Felipe me invitó a tomar un café en el bar del teatro y me preguntó si estaba enojada con Graciela, otra violonchelista. Tenía razón: yo estaba enojada con ella y, aunque intentaba no llevar mi molestia a la orquesta, él igual se dio cuenta. Me dijo que hablara con Graciela, que los problemas hay que encararlos rápido porque después crecen y son más difíciles de resolver. También me preguntó si estaba segura de tener la razón, si me había puesto en el lugar de ella. Seguí su consejo, hablé con Graciela y hoy es una de mis mejores amigas. Me contó cosas que no sabía. Estaba pasando por un momento difícil en su vida personal y asumí por error que ciertas cosas las hacía con mala intención o contra mí.

Levanté la mano como si estuviera en clase. Mary me miró con simpatía.

—Sí, alumno Gonzalo.

—Me quedó una pregunta colgada.

–¿Cuál es? –preguntó Mary.

–La pregunta es… ¿y esa magia cómo se crea?

Ella pensó unos segundos y luego dijo:

–No sé realmente. Lo que pasó, pasó. Un poco debe haber sido por Felipe, otro poco por cada uno. Se conformó un gran grupo que hasta hoy recuerdo con cariño. Antes de Felipe no había confianza entre nosotros ni tampoco con el director. Eran frecuentes los reproches y las acusaciones.

–Es horrible cuando tu gran pasión se convierte en tu peor sufrimiento –dijo Cacho.

–Es horrible –dijo Mary–. Duele.

–¿Con Felipe no hubo conflictos? –preguntó Leonel.

–Sí, sí, los hubo. No quiere decir que con Felipe todo fuera color de rosas. Vivimos muchas presiones y algunos momentos difíciles. Felipe no era una persona fácil, era sumamente exigente. Pero como había confianza y nos apoyábamos entre nosotros, pudimos afrontar las situaciones de otra manera. Si cometíamos errores, los reconocíamos, porque sabíamos que no íbamos a ser atacados o acusados. Lo pasábamos bien. Había alegría. No queríamos que terminara el día. Salíamos del teatro y la seguíamos en el bar. Pasábamos horas encerrados, pero nos gustaba estar juntos. A ese grupo de gente lo recuerdo con mucho, mucho cariño y con una sonrisa.

Alguien hizo una broma. Largaron la carcajada. No sé quién fue ni cuál fue la broma. Mis pensamientos ya estaban en otro lado. Mi cabeza era un torbellino de ideas y de emociones. Leonel y Cacho seguían haciendo las mismas bromas de siempre y Mary se reía. Unos minutos después volví a la realidad. Fue un momento muy agradable.

Poco después Cacho dijo que se tenía que ir. Miré la hora y me di cuenta de que el tiempo había pasado a toda velocidad. Era tarde y tenía que irme para mi casa. Les agradecí a los tres el tiempo que me habían brindado y a Mary por las historias que había compartido.

–Me dejaste pensando en muchas cosas –le dije–. Tengo que sentarme tranquilo con mi equipo para sacar alguna idea en limpio. Lo que me dijiste nos va a ayudar mucho.

–No te pierdas, Gonzalo –dijo Leonel–. Venite un día de estos y la seguimos.

–Dale, dale –le mostré mi celular–. Tengo tu teléfono. Los llamo. Volví a mi casa y escribí las siguientes reflexiones:

- *Buen **talento** con mala **actitud** es igual a mal talento.*

- *Es imposible que coexistan **personas** con diferentes **actitudes** y **valores** como, por ejemplo, Hago lo Mínimo con Doy lo Máximo.*

- *Para que la **"magia"** de un **equipo** aparezca, tiene que emerger una **conexión** que no se explica con la **razón** pero que se percibe. Una **conexión emocional**.*

- *La **persona** con mayor **jerarquía** en una organización puede habilitar la **creación** de esta **conexión** o puede bloquearla completamente.*

- *"Nadie puede silbar una **sinfonía**. Se necesita una **orquesta completa** para tocarla".*

H.E. Luccock

Capítulo 5

El equipo roquero

Durante el fin de semana logré descansar y despejar la mente.

El sábado por la mañana estaba soleado y fresco y salí a correr. El domingo hice un paseo con mi familia. En un momento mi esposa me preguntó por la conversación con los músicos.

—¿Te resultó útil? —me preguntó.

—Mucho más de lo que imaginaba —le contesté.

El lunes dejé temprano a mis hijos en el colegio y me fui directo para la oficina. La reunión con Leticia Rodríguez, de Audio UY, era ese día a las cuatro de la tarde. Revisé los apuntes que habíamos elaborado con el equipo de X^n sobre el caso. Concluimos que debía ir preparado para más de un escenario. Lo primero que tenía que hacer era preguntar, escuchar, y a partir de la información que recibiera, proponer algunas ideas para avanzar.

Llegué a la reunión con algunos minutos de anticipación. Eran oficinas modernas, con una decoración de muy buen gusto y mucha luz natural.

Leticia me recibió de inmediato y me invitó a pasar a una pequeña sala. Lo primero que me comentó fue que estaba muy entusiasmada con mi visita y me contó de algunos proyectos en los que estaban trabajando. Me habló maravillas de Otero, que había sido el principal generador de esas oportunidades.

Mi interés no era, al menos en el inicio, poner el foco en lo genial que era Otero, sino en conocer un poco mejor su forma de liderar. En un momento hizo una pausa y le hice una pregunta abierta, con el fin de ir entrando en el tema.

—¿Cuál es la actitud de Otero con el equipo?

–¿En qué sentido? –me preguntó un poco incómoda–. ¿Con quién?

–No es nada crítico. Simplemente quiero saber cómo interactúa con los demás.

–¿Te referís a si nos escucha? ¿Si es humilde? ¿Esas cosas?

–Sí, sí. Lo que tú me quieras decir –dije.

Ella titubeó. Pensé que le había molestado la pregunta, que la había interpretado como una crítica a Otero. Pero estaba pensando la respuesta.

–Para mí es difícil responder –dijo–, porque tengo una gran admiración por él. Yo siento que es un grande, pero bien grande. Ante los demás se muestra muy confiado, pero con nosotros es humilde. Cuando habla de nosotros y en particular frente a los clientes, habla maravillas, al punto de que a veces nos hace ruborizar. Es como que nos "sobre-vende" y sentimos que no lo merecemos, o dicho de otra manera: que debemos estar a la altura de lo que él piensa de nosotros.

–Qué bueno.

–Lo otro que es brutal es que trabaja muchísimo –dijo–. Eso les impresiona mucho a los jóvenes en la empresa. Ellos creen que a la altura de la vida en la que se encuentra, con todo lo que ha logrado, no necesita trabajar tanto. Sin embargo, es difícil seguirle el ritmo.

–¿Eso por qué lo hace?

Al instante se dio cuenta de por dónde venía mi pregunta.

–Ojo, no es un adicto al trabajo. Trabaja mucho porque para él hay que dar el máximo valor a los clientes. Yo creo que lo hace además para dar el ejemplo.

–¿Es muy exigente?

Movió la cabeza a los lados y luego, con una sonrisa, dijo:

–Sí. En Audio UY no trabaja cualquiera. Hay que trabajar mucho y además muy bien. Pero exige con buena onda. Incluso lo hace medio en broma.

–Y si no le responden como quiere o como espera, ¿sigue con esa buena onda?

–No tiene la actitud de un policía –dijo– que persigue y da órdenes. Él te marca, por supuesto, pero de buena manera. Si no reaccionás o no cambiás quizás le quita el tono de broma y te lo dice más en serio. Pero si llega a ese punto estás en peligro. No le gusta estar encima de la gente. Le gusta confiar y delegar. Si para que tú trabajes bien él tiene que estar encima tuyo es porque no servís.

Mientras la escuchaba, vi que en la agenda tenía pegada una calcomanía de *No + Pálidas*.

–¿Te gustó el libro *No + Pálidas*? –le pregunté y le señalé la agenda.

Los ojos se le iluminaron.

–Síííí –dijo–. Me encantó. Es el libro de cabecera de Otero. Compró varios ejemplares, consiguió que Baliño los firmara y nos regaló uno a cada uno.

–Genial –dije.

–Una manera de responder a tu pregunta –dijo con picardía–, es decirte que Otero es un fiel ejemplo de un líder con las cuatro actitudes que menciona Baliño.

La primera parte de la reunión para mí ya estaba cumplida. Había corroborado que Otero era una estrella con actitud de equipo. Se me escapó un suspiro de alivio. Si hubiese llegado a la conclusión contraria, me hubiera resultado muy difícil continuar con la reunión. Es muy complicado ayudar a equipos donde hay una *prima donna*. Es como sembrar flores en el mármol. Pero esto me abría otro problema. Si este no era el problema en este equipo, entonces tiene que haber otro factor que esté bloqueando el desempeño.

—Disculpá —dijo ella—. Me puse a hablar y no te ofrecí nada.

Me ofreció café y acepté. Sirvió de una jarra térmica ubicada en el centro de la mesa.

—Está recién hecho —me dijo—.

Lo probé y estaba bien caliente y sabroso.

—Antes de seguir —le dije— me gustaría repasar lo que conversamos el otro día.

—Me parece bien —dijo ella.

—Lo primero que quería verificar es lo siguiente... Tengo entendido que les está yendo muy bien, que cada vez tienen más clientes, más proyectos y por lo tanto más trabajo. ¿Correcto?

—Correcto. Pero siempre queremos que nos vaya mejor. En realidad...

Me di cuenta de que iba empezar a hablar de la empresa y le hice una seña con la mano y se detuvo.

—Disculpá mi ansiedad —dijo.

—Todo bien —dije—. Sigo... Otra cosa que mencionaste es que el volumen de trabajo del día a día mantiene al equipo ejecutivo muy ocupado, están muy dedicados a sus clientes. ¿Es así?

Asintió con la cabeza.

—Otero en particular tiene mucho trabajo —continué—. En este contexto ustedes tienen dos problemas. Quieren hacer negocios en el exterior, o sea internacionalizarse, y les resulta muy difícil generar nuevas estrellas porque Otero seduce tanto a las personas que siempre lo quieren a él. ¿Voy bien?

–Es un buen resumen –dijo–. Esos son los desafíos. ¿Qué hacemos?

Sonreí. Ella también. Claramente estaba nerviosa y quería ir directo al tema.

Dado que Otero no era el problema, comencé a recorrer las "cuerdas de la guitarra" de nuestro modelo para hacer un diagnóstico más certero. Empecé por "un gran desafío".

–Me quedan algunas preguntas. Cuándo dicen que quieren internacionalizarse, ¿qué quieren decir? ¿Tienen algún objetivo?

–Sí –respondió–. Hace unos meses hicimos una sesión de estrategia. Ahí definimos que en tres años queremos desarrollar una operación en el exterior de un tamaño similar a la operación local. Juan, el director comercial, está a cargo de esta iniciativa, pero está sobrepasado con los clientes locales. Los demás tampoco tenemos tiempo. El día a día nos ha absorbido.

Cuando escuché la respuesta sonreí para mis adentros: su respuesta fue la que me había imaginado.

–Es muy común la situación de ustedes –le dije–. En general la operación diaria absorbe todo el tiempo de los ejecutivos. Las iniciativas estratégicas, que implican transformar a la empresa y que son las que la mantienen competitiva y viable en el futuro, son postergadas, y muchas veces postergadas para siempre.

El rostro se le transformó. Largó una bocanada de aire.

–Te voy a ser sincera –dijo–. No es la respuesta que esperaba.

La ansiedad de Leticia me resultaba cada vez más incómoda, pero me puse en su lugar y traté de responderle con empatía.

–No, no. No quise decir eso. No es mi respuesta. Lo que quiero decirte es que el camino que escogieron, si no lo corrigen, generalmente termina de la manera que te mencioné. Vamos a hablar de alternativas.

–Está bien, está bien –dijo–. Me quedó más tranquila.

Le propuse seguir un poco más y después analizar juntos la situación.

–Lo primero que quería comentarte –dije– es que hay que diferenciar entre deseos y objetivos. Los equipos no se forman solo con deseos. Los equipos se forman cuando se alinean detrás de un objetivo claro y conciso. Ese objetivo además debe ser desafiante. No debe ser imposible de lograr, pero tampoco debe ser fácil.

–Lo entiendo… Y lo comparto –dijo Leticia.

–Esto es clave: para que realmente sea un objetivo colectivo que genere la unión del equipo, debe ser un objetivo que solo puede ser logrado trabajando juntos, no el resultado de la suma de objetivos individuales.

–Ajá –dijo ella y me miró de reojo.

–Vuelvo a lo primero: es necesario que rompan la barrera entre deseo y objetivo.

–Intuyo cuál es la diferencia –me dijo–, pero igual te pido que me lo expliques.

–Los deseos son algo emocional y obviamente son importantes. Si no hay un componente emocional que nos movilice, es muy difícil lograr objetivos. Para un individuo y para un equipo.

–¿Y los objetivos?

Le mencioné las seis cuerdas de un equipo. Me explayé más en la primera cuerda, el "desafío" del equipo.

—Cuando hablamos de esta cuerda no nos referimos a desafíos que sean deseos, sino a objetivos concretos, nos referimos a algo que se puede medir y así determinar si se lograron o no en un período de tiempo.

—Perdoná —dijo—, pero sigo sin entender.

—Es que la diferencia es tan sutil que en muchos equipos hemos visto que hay una gran confusión y por eso quiero profundizar. Digamos que los deseos inspiran y los objetivos presionan. Los buenos objetivos presionan sanamente, generan un estrés positivo que genera energía y entusiasmo. No es bueno poner objetivos que presionen destructivamente, que generen estrés negativo, miedos y amenazas. Los equipos se trazan objetivos que generan estrés positivo. Si no hay presión, entonces comienzo a dudar de si realmente es un objetivo o el equipo tiene solo un deseo.

—Bien —dijo ella.

—En particular para los objetivos de transformación esto es más peligroso. Porque si no hay presión, la operación del día a día les hace perder el foco. Si la empresa no se transforma por sí misma, a la larga perderá capacidad competitiva y puede correr el riesgo de morir.

—O cambiás o morís —dijo ella—. Se vuelve urgente y necesario.

—Exactamente. Pero cuando no hay riesgos inminentes, porque a la empresa le está yendo bien, ese sentido de urgencia no está presente. O, mejor dicho, no es impuesto desde afuera, desde el mercado.

La mirada le cambió, se le iluminó.

—Creo que empiezo a entender.

—Cuando a una empresa le va bien, eso se traduce en mucho trabajo, lo que puede dar lugar a que las iniciativas a mediano o largo plazo sean postergadas una y otra vez.

–Tendríamos que convertir este proyecto de internacionalización en un proyecto urgente, ¿es eso?

–Es eso. O más o menos eso. Una forma más elegante de llamarlo es que necesita tener "sentido de urgencia".

Frunció los labios, entrecerró los ojos y asintió.

–No quiero seguir mostrando mi ansiedad... pero... ¿ahora puedo preguntar?

Asentí con la cabeza.

–Toda esta diferencia entre objetivos y deseos me está confundiendo y la siento muy teórica. ¿Qué hacemos? –preguntó.

–Tengo una idea –respondí–, pero no me quiero apresurar. Necesito hacerte una pregunta más.

–Ah, no vale –dijo moviendo la cabeza a los lados–. Está bien, ¿cuál es la pregunta?

–Para lograr el objetivo de internacionalización, ¿qué debería haber ocurrido este año?

Una vez más su rostro mostró incomodidad. Pero el gesto ya me era familiar: cuando no tenía una respuesta clara y se sentía exigida, de forma espontánea expresaba cierto desagrado, aunque rápidamente se recomponía.

–A ver... Tu pregunta es ¿cuáles fueron los objetivos que nos planteamos?

–Es más concreto. La pregunta es ¿cuáles eran los hitos, o los entregables, o las tareas terminadas, que debían haberse concretado este año?

–Entendí. Nos propusimos varias cosas, pero las dos más importantes eran la elaboración de una lista de posibles representantes y la realización de un evento de marketing.

–Son hitos muy sensatos –dije.

–Intentamos ser sensatos. Como tenemos mucho trabajo y muchas incertidumbres, definimos tareas alcanzables y bien específicas.

–Si uno lo revisa con cualquier "manual de definición de objetivos" seguro que concluye que técnicamente están bien definidos, pero hay algo importante que me falta entender. Para ti, estos hitos ¿son objetivos o deseos?

–¿Cómo es eso? – me preguntó.

–Por ejemplo, una diferencia entre un deseo y un objetivo es que un deseo es algo que se puede hacer hoy, mañana o dentro de dos años. En cambio, un objetivo tiene un tiempo límite. Tiene una fecha de cierre y es bien clara.

–Nosotros pusimos fechas para estos objetivos que te mencionaba, pero las hemos prorrogado más de una vez.

–El objetivo puede estar bien definido, pero si luego se cambia, se prorroga, lo que ocurre es que no hay presión.

–Eso es verdad –dijo–.

–Y la presión –le dije–, es clave. Porque según mi experiencia, los equipos se "cocinan" en olla a presión. Y la presión la tiene que sentir todo el equipo. Primero debe sentirlo la persona que fue nombrada responsable.

–Pero es que no le podemos exigir más a Juan –dijo ella–, porque trabaja doce horas por día.

–Si no siente que es una prioridad, tampoco se siente el "sentido de urgencia". Va a priorizar otra cosa.

–Es verdad –reconoció y se tiró atrás en la silla, como abatida por la situación.

—La persona responsable sentirá presión si siente que la valoración de su trabajo está directamente ligada al cumplimiento de esos hitos. Si siente que lo que importa más es su desempeño comercial a nivel local entonces no tiene presión para ejecutar el proyecto de internacionalización. Pero eso no es lo más grave...

Se incorporó en la silla.

—¿Qué es?

—Si él no tiene presión, mucho menos la tienen los demás.

—Ah, sí, claro.

—Te pregunto... ¿Hay posibilidades de que este año tengan esa lista de representantes y realicen el evento de marketing?

—No creo –dijo–. Lo veo muy difícil.

—¿Y qué pasa si no lo hacen? ¿Tiene alguna consecuencia?

—No va a pasar nada. Vamos a cerrar un año formidable a nivel local.

Ella misma se dio cuenta de lo que había dicho. Nuevamente ingresábamos en el mismo ciclo: nos va bien, nos proponemos nuevos proyectos, pero no hay sentido de urgencia porque la empresa no necesita ahora mismo de ese proyecto y, por lo tanto, no pasa nada porque... nos va bien...

—¿Ves ahora con más claridad la diferencia entre un deseo y un objetivo? Los dos se definen de la misma manera, pero lo que tú me estás describiendo se parece más a un deseo que a un objetivo.

Asintió con la cabeza.

—¿Qué otros objetivos definió el equipo ejecutivo para este año? –pregunté–. Me refiero a objetivos que tienen en común, que el equipo tiene que lograr como una unidad.

Esta vez no pensó tanto. Respondió de inmediato.

–Tenemos objetivos de rentabilidad, de satisfacción de clientes y de clima organizacional. Los objetivos de la empresa son objetivos de todos y los estamos monitoreando con indicadores. Venimos haciendo un buen seguimiento. Estos objetivos sí tienen sentido de urgencia y ¡no son deseos!

–Estoy de acuerdo, pero ¿son objetivos colectivos? o ¿son la suma de objetivos individuales? Te lo traduzco... En el equipo ejecutivo ¿dependen mucho unos de otros, o son bastante independientes y cada uno tiene sus clientes?

–Somos bastante independientes. Eso nos permite ser más ejecutivos. Somos todas personas con responsabilidad y experiencia. Yo confío plenamente en que mis colegas van a hacer su parte. A veces trabajamos juntos en algún cliente. Lo disfruto mucho, pero son excepciones –de pronto se detuvo y sonrió–. Me dijiste que me ibas a hacer una pregunta y me hiciste muchas más...

–Era una sola, pero luego fueron surgiendo otras.

–Estoy un poco perdida. O bastante perdida y me gustaría que me des tu opinión.

–Entiendo tu preocupación –dije.

Me pregunté a mí mismo si había avanzado muy rápido, pero estaba convencido de que las preguntas que le había hecho eran fundamentales para avanzar.

–Te pido disculpas, pero para entender la situación de Audio UY me gusta hacer preguntas. Así trabajo en todas las empresas. Podría venir con una fórmula para desarrollar equipos y explicártela y que luego tú evalúes si te sirve o no. He aprendido que para ayudar a una persona o a un equipo es más efectivo hacer preguntas que prescribir.

–¿Sos un preguntador profesional? –dijo bromeando.

–Algo así –dije–. Hay una frase de Galileo Galilei que me gusta mucho: "Nada puedes enseñarle a un hombre; solo puedes ayudarlo a encontrar la respuesta dentro de sí mismo".

–Está buena –dijo.

–Tenía alguna pregunta más... Pero creo que ya tengo un panorama bastante claro y algo ya te puedo decir.

–Genial.

Hice una pausa para pensar bien cómo decirlo y comencé:

–Lo que he observado es que al equipo ejecutivo de Audio UY le faltan algunos elementos importantes para que sea posible llevarlo a un nivel de desempeño superior, al siguiente nivel. Tienen cosas muy buenas. Tienen a Otero, una figura brillante, con buenas actitudes. El equipo está formado por personas diversas y competentes y parece haber mucha confianza entre ustedes. También parece estar claro el rol y los objetivos de cada uno. Sin embargo...

–Bueno –dijo y cerró los ojos–. Ahora se viene...

–Sin embargo, percibo demasiada independencia entre ustedes. O dicho al revés, percibo poca dependencia. Les falta algo absolutamente determinante para que un equipo se forme: "objetivos colectivos" o "metas compartidas". Tienen una suma de objetivos individuales y un deseo colectivo, pero no es lo mismo. Cada uno juega su partido y esto les da buenos resultados, pero los equipos se forman cuando tienen desafíos que presionan a todo el colectivo. En estos momentos es cuando se genera interdependencia, colaboración efectiva, se cambia la forma de hacer las cosas y el rendimiento crece exponencialmente. Se potencian mejor las fortalezas de cada uno y se mitigan las debilidades.

–Tenés razón –dijo.

–La iniciativa de internacionalización es un lindo deseo colectivo, pero como tú misma me dijiste, no pasa nada si no se cumplen los hitos este año. No hay un sentido de urgencia. Por lo tanto, no se genera presión en nadie y, como cada uno tiene mucho trabajo y el éxito local los satisface, es poco probable que ocurra.

La cara se le transformó. Esta vez fue más que incomodidad. Continué hablando.

–Para avanzar al siguiente nivel les sugiero que acuerden un objetivo colectivo concreto para el próximo trimestre que genere presión sana en todo el equipo, y cuando digo "todo" es "todo el equipo". Si no logran el objetivo, les tiene que doler mucho a todos, incluido Otero.

La expresión de ella se distendió.

–Percibí que los clientes son muy importantes para ustedes y quizás el objetivo a plantearse tenga que ver con uno o varios clientes. Puede ser algo que, si no se logra, genere una insatisfacción grande en algún cliente y seguramente ustedes no lo van a poder tolerar. Además de generar presión, el objetivo debería exigirles que profundicen la colaboración entre ustedes. O sea, un objetivo que no sea posible lograrlo sin la participación de todo el equipo ejecutivo.

–Entiendo. Ahora te pregunto yo...

–Dale.

–Los hitos que nos planteamos para internacionalizarnos exigen mucho del área comercial, pero poco de las otras áreas. No sería, entonces, un hito como *tú propones*.

–Tal como me los describiste –dije–, no serían un hito colectivo. Además, no generan presión y eso es justo lo que les falta para pasar al siguiente nivel.

–Bien. Está bueno –dijo.

–Mi sugerencia es que hagan el ejercicio de buscar esta clase de hitos colectivos. Que escojan un objetivo desafiante para el próximo trimestre y luego, en el siguiente trimestre, escojan otro más. En el caso de Audio UY me parece que es mejor generar ciclos trimestrales de pequeños pasos que les exijan trabajar juntos y que, de forma incremental, les permita crecer en el exterior y también desarrollar nuevas figuras destacadas en la empresa.

–¿Sería como abrir un nuevo frente de trabajo?

–Sí. Se trata de incorporar un trabajo diferente a lo que hacen todos los días con los clientes. Debe dejar de ser algo excepcional y pasar a ser parte de las tareas diarias.

Otra cosa...

–¿Sí?

–Deberían además encontrar algo que haga brillar a alguien que no sea Otero –dije.

–Ajá –dijo–. Eso nos lo hemos planteado muchas veces. El que más lo ha planteado es el propio Otero.

Se quedó en silencio por unos segundos. Una vez más percibí su gesto de desagrado.

–Lo que me estás sugiriendo es que agreguemos esos objetivos pero que sigamos haciendo todo el trabajo que ya hacemos. ¿Es eso?

–Podría decirte que no, pero es así. Para que se consoliden como equipo de alto desempeño, es necesario que se auto-impongan objetivos. En el deporte, los equipos hacen eso. Los grandes equipos se proponen ser campeones, pero los equipos menores también se proponen metas ambiciosas como, por ejemplo, pasar del décimo puesto al cuarto, o clasificar a una copa internacional.

Eso es lo que los hace mejores. Si no juegan algún campeonato juntos, difícilmente se convertirán en un verdadero equipo. En la música, las bandas se auto-imponen metas, como realizar recitales o giras, y eso es lo que los lleva a otro nivel. Hay que buscar algo equivalente, aquí, en Audio UY.

–Sinceramente –dijo con un tono claro de frustración–, nunca se me hubiera ocurrido que la solución al problema consistía en auto-imponernos más presión arriesgando la satisfacción de los clientes. Nos sobra presión.

–No se trata de agregar más y más carga de trabajo –dije–. No es eso lo que estoy diciendo, aunque en parte lo es, porque es probable que durante un tiempo tengan más carga.

–No entiendo.

–La presión no es para que se sientan acorralados. Es para que colaboren, sincronicen, innoven, jueguen en equipo.

–Entiendo. Pero ¿cómo hacemos para hacer lo que hoy hacemos y sumar esta nueva presión sin trabajar más?

–Apóyense en sus propios equipos. Ciertas tareas que hoy hacen ustedes, los ejecutivos en los clientes locales ¿las pueden hacer otras personas y crecer con esta nueva asignación? Hoy hay un equipo trabajando con el cliente y no solo una persona ¿no?

–Ahora sí… lo estoy captando.

–Si lo que quieren es crecer, más vale que empiecen a crecer hoy mismo, y que crezcan todos. En resumen, mi recomendación es la siguiente: definan verdaderos objetivos que los presionen y que sean colectivos. Hagan esto en ciclos trimestrales y permitan que sus equipos de trabajo asuman más trabajo y responsabilidad en la operación diaria con los clientes.

Dije eso e hice silencio. Ella me miró con cierta complicidad, como si se hubiera dado cuenta de algo que de algún modo no se esperaba.

–No es sencillo el planteo –dijo– pero reconozco que tiene sentido. Cuando te planteé nuestra situación, confieso que no me imaginaba que tu planteo podía venir por ahí.

–A veces la solución no es lo que uno piensa. Pero sería bueno que se tomen un tiempo para reflexionar un poco más sobre lo que acabamos de conversar –dije.

–Sin duda que lo voy a hacer –dijo con entusiasmo–. Me cuesta digerirlo y creo que también le va a costar a los otros ejecutivos. Pero creo que lo van a entender, porque ya hemos vivido situaciones de cambio y sabemos que al comienzo es complicado, pero luego llegan los beneficios.

Nos saludamos cordialmente y me fui.

Al llegar a mi oficina, anoté lo siguiente:

- Los deseos **inspiran**, los **objetivos** presionan y obligan a actuar.

- Un buen **objetivo colectivo** tiene una fecha cercana, genera dolor si no se logra y no se puede **cumplir** si alguien no participa. Requiere el **involucramiento** genuino de todos los miembros del **equipo**.

- Un buen **objetivo colectivo** genera intensa **motivación**. Cuando se logra une a los miembros del **equipo** y **construye confianza** y orgullo y la **energía emocional** necesaria para nuevos **desafíos**.

- Los **equipos** se trazan buenos **objetivos colectivos**. Lo hacen en ciclos cortos. Cada ciclo es un paso que los acerca a sus deseos, a su **propósito**. "En la ausencia de presión, es difícil hacer cosas **significativas**"

Geno Auriemma

Capítulo 6

El equipo clásico

No fue sencillo concretar las entrevistas con los altos ejecutivos de la filial uruguaya de SPC Tec Industries. La razón principal fue que Ernst Bitter, el director de Obra, no permitió que se realizaran las otras entrevistas antes de que hablara con él. Y él demoró casi diez días en agendar la reunión. Una vez agendada, me comuniqué con Laura Méndez, la arquitecta a cargo de la obra, y con Leonel Peñagaricano, el ingeniero a cargo del área tecnológica. Con Méndez agendamos para un rato después de la reunión con Bitter, y con Peñagaricano para el día siguiente.

Bitter fijó la entrevista en un horario insólito, a las 7.00 de la mañana. Y me dijo que tenía solo media hora. El lugar era en el interior, en el departamento de Colonia, en las oficinas que la constructora tenía en el predio de la unidad de logística de su cliente.

Me levanté a las 4.30 y salí de casa a las 5.00. Llegué unos diez minutos antes de la hora de comienzo de la reunión. A esa hora en el lugar solo se encontraba un guardia de seguridad, que fue quien me atendió y me acompañó hasta la oficina de Bitter, quien me saludó con corrección, pero con una actitud distante.

Bitter era un hombre muy alto, con muy buena forma física. Tenía los ojos claros y un poco juntos, los labios finos y el entrecejo fruncido.

Me presenté y le expliqué el motivo de la reunión.

—Solo quería hacerle algunas preguntas —le expliqué.

—No, preguntar no —dijo en un español duro y cortado.

—¿Cómo? —dije sorprendido.

—Primero, yo mostrar...

Me reí para mis adentros porque hablaba como Tarzán.

–Si quiere hablar en inglés, no hay problema –le dije.

No me contestó y siguió hablando a los martillazos en español. Hubiera preferido seguir la conversación en inglés porque me resultaba difícil entenderle, pero además porque sospeché que él no entendía muy bien español y porque sentí que se había hecho una idea equivocada de quién era yo y para qué había ido. Por lo que concluí después, me confundió con un auditor o algo parecido.

Me hizo un gesto de que me acercara a una enorme mesa y empezó a mostrarme varios documentos. El alcance del proyecto estaba perfectamente definido. El cronograma era una obra de arte.

Tengo experiencia en Dirección de Proyectos y entendí lo que me mostraba. Concluí rápidamente que el uso que hacía de las herramientas de gestión de proyectos era muy avanzado. Tenía una fuerte solvencia técnica. Sinceramente quedé asombrado con su capacidad y su formación. Usaba herramientas muy sofisticadas que pocas veces un gerente de proyectos usa. Tenía planillas con indicadores de absolutamente todo. Sabía con exactitud cuánto material habían utilizado, la cantidad de horas extras contratadas. Me mostró también varias actas de reunión firmadas.

Era un director de proyecto de libro, no descuidaba detalle. Sabía todo lo que pasaba: no solo de la gestión de SPC Tec Industries sino también de todas las acciones del cliente. Sin que se lo preguntara me afirmó y me demostró que su empresa bajo ninguna circunstancia podía ser multada, porque él tenía toda la documentación de los incumplimientos del cliente.

A esa altura de la conversación, o mejor dicho del monólogo de Bitter, llegué a la convicción de que, ante la más mínima queja, él no dudaría en desplegar un arsenal de documentos en los que mostraría las fallas que había cometido el cliente. Por un momento me puse en el lugar del cliente y llegué a la conclusión de que no debía ser agradable trabajar con él. Parecía implacable. Insoportablemente implacable.

Escuchar a Bitter, en lugar de dejarme más tranquilo, me inquietó más. Cuando terminó su puesta en escena, me dijo:

–Preguntar.

Supuse que ahora sí le podía preguntar.

Desistí. Después de lo que había visto y escuchado, mis preguntas carecían de más importancia.

–No, no –dije–. Su presentación fue clarísima. No tengo preguntas.

En lugar de inquietarse, Bitter sonrió –por primera vez– como si hubiera triunfado. Para sus adentros debe haber pensado: fui tan contundente que al "auditor" lo dejé sin palabras.

Al salir había una persona esperando para reunirse con Bitter. Miré la hora. Eran exactamente las 7.27. Yo no me di cuenta, pero Bitter había calculado al minuto la duración de la reunión.

Lo primero que me vino a la cabeza mientras caminaba hacia el estacionamiento fue la historia de Mary, y en particular lo determinante que habían sido las habilidades de liderazgo del director de la orquesta. Mi experiencia trabajando con equipos y líderes me hizo pensar que Bitter era un perro de caza en lo que se refiere a gestión. Se parecía al primer director de la orquesta de la historia de Mary. Quizás Bitter era peor.

El liderazgo es algo muy diferente. Los buenos líderes motivan y entusiasman con sus palabras y con sus actos. Escuchan más de lo que hablan. No atropellan a la gente. No la apabullan. Todo eso fue lo que hizo o pretendió hacer Bitter conmigo en la reunión y seguramente era lo mismo que hacía con su equipo.

El liderazgo es clave siempre pero aún más en un proyecto de gran tamaño, como este. El liderazgo es energía. El buen liderazgo genera energía emocional y cuando el desafío es muy grande y exigente, más vale que las buenas emociones estén presentes en el equipo.

Bitter confundía dos cosas que son bien diferentes. Una es que te designen para un cargo ejecutivo, que te nombren gerente. La designación lo que te da es la autoridad para ejecutar, pero no te convierte en líder. Gerente o director de Obra te nombra alguien. En este caso seguramente fue Schultz o fue un comité de la empresa. Pero para ser líder te tienen que nombrar aquellos que te siguen. Se requieren muchas más habilidades sociales que técnicas. Hemos visto muchas veces que se nombra director de un proyecto o de un área al mejor técnico, y no siempre es la mejor opción. Cuando eso ocurre, la empresa pierde a un excelente técnico y gana a un mal gerente. No le hace bien a nadie, porque quienes reportan a ese mal jefe se sienten desmotivados o confundidos. Y el técnico se amarga la vida porque realiza una tarea que no disfruta.

No quería sacar conclusiones apresuradas acerca de Bitter, pero me resultaba muy difícil no hacerlo. Había recibido una inyección emocional de su parte que me generó incomodidad. La ejecución de una obra generalmente se realiza con una organización donde la jerarquía es fundamental. Por lo tanto, la figura del director de obra, en este caso Bitter, que es el responsable principal de la ejecución, es determinante para el éxito o fracaso.

Encendí el auto al mismo tiempo que me decía a mí mismo: "No te apures, aún tenés que hablar con los otros ejecutivos. Necesitás escuchar todas las campanas antes de sacar conclusiones. Y por suerte tenés a tu equipo involucrado para recoger otras visiones".

Mientras conducía hacia Montevideo mi mente fue y vino varias veces. En un momento me rezongué a mí mismo por haber reaccionado de una manera similar a la de Mary cuando le ocurrió lo de la orquesta. Quizás estaba un poco sugestionado.

Pero luego recordé pasajes de la entrevista con Bitter y concluí que las similitudes entre ambos casos eran importantes. Si se tratara de un boleto de lotería, creo que con mi "pálpito inicial" ganaba el primer premio.

Llegué a Montevideo cerca de las diez. Laura Méndez me había comentado que ella ese día iba a estar en las oficinas de SPC Tec Industries en Montevideo y que me esperaba a las diez. Si tenía alguna demora en mi ida y vuelta a Colonia, me dijo que le avisara que ella me esperaba. Recuerdo que me dijo: "Si la reunión es con Bitter, no va a ser muy larga".

Me dijo que ella iba a estar en Montevideo y que luego se iba para Colonia, pero que hasta las doce del mediodía me esperaba.

Méndez era una mujer joven, de unos 35 años. Era de baja estatura, estaba vestida como una más de la obra, con pantalones de jean, un buzo de lana abrigado y botas todoterreno. Me recibió con cordialidad, pero sin caer en excesos de simpatía.

Me presenté al igual que lo hice con Bitter.

—Hice la presentación primero porque me parece que corresponde —dije—, pero además porque me pareció que Bitter no entendió muy bien la razón por la que yo me iba a reunir con él.

—Puede ser —dijo ella.

—Por momentos sentí que para él yo era un auditor. Que mi función ahí era verificar que él tuviera todas sus cosas en orden.

—Puede ser —dijo ella y levantó las cejas.

Hice una pausa. Me había respondido dos veces "puede ser". Algo me estaba diciendo, pero sin duda quería ser prudente y respetuosa. Al menos por ahora.

—Bien. Entiendo. Quería hacerle unas preguntas.

—Perfecto. Adelante. Dígame —dijo.

Le comenté sobre la inquietud que tenía la alta gerencia con respecto al desarrollo de la obra. En trazos gruesos le expliqué que Schultz y González estaban preocupados por los escasos avances y que presentían que era altamente probable que incumplieran con el cliente. Además, ellos tenían la sospecha de que la causa de todos estos problemas se debía al mal relacionamiento entre los responsables.

–Estoy de acuerdo –dijo ella.

–¿Sí? ¿Está de acuerdo? ¿Cómo ve la situación?

–Mal. Está pasando lo que ellos le dijeron y quizás es peor aún.

Decidí indagar un poco más.

–Recién hablé con Bitter y me dijo que estaba todo bajo control. Más aún, me dijo que si había incumplimientos eran del cliente, no de SPC.

–Eso es lo que él cree –dijo de manera cortante–. Pero la realidad es otra.

–¿Cuál es? A mí me dio la impresión de que él estaba informado hasta del último detalle.

–De detalles técnicos. Pero hay una realidad que va más allá de los números. Él vive encerrado en su oficina, llenando planillas con datos, haciendo informes, pero yo estoy en la obra y la obra no avanza.

–Pero si él está en Colonia –dije–, en la obra misma. La tiene que ver. ¿Cómo es que no sabe lo que pasa?

–Si dijo lo que dijo, en mi opinión, no sabe lo que pasa. O está negando la realidad. –¿Y qué es lo que pasa?

La mujer bajó la vista. Estaba agobiada. Respiró muy hondo por la nariz, contuvo el aire durante un rato, y luego lo expiró por la nariz y por la boca.

—A mí no me gusta hablar mal de la gente.

—No se trata de hablar mal de nadie —me apresuré a decir—. Lo que yo necesito conocer, para poder ayudar, son hechos. Repito: no hay que hablar mal de nadie.

—Bueno... —pensó unos segundos—. Lo que le dijeron González y Schultz es suficiente como para que tenga un panorama general. Lo que yo puedo decirle es más detallado pero los grandes titulares ya los conoce.

Percibí que había algunas cosas importantes que prefería no decir. Decidí esperar. A veces hacer silencio es la mejor forma de lograr que la otra persona hable.

—Los avances son muy escasos —dijo—. El cronograma, si seguimos así, no se va a cumplir en tiempo. No solo eso, si seguimos así, quizás ni siquiera podamos ejecutar la obra. Insisto... *si seguimos así*.

—¿Tan grave es?

—Si no hay cambios, sí. Es muy grave. Y bien hace Schultz en preocuparse por la multa porque el cliente está muy enojado y, *si sigue así*, por más documentación que tenga Bitter hay un riesgo enorme de pagar abultadas multas o que la obra se cancele. Ahí veremos quién paga lo que se ha gastado hasta ahora.

—¿Y por qué van mal las cosas?

—Por lo que le dijeron. Porque las cosas están mal entre las personas a cargo.

—¿Qué quiere decir con eso?

Ella levantó los hombros y nuevamente respiró profundo. Me dije que era momento de hacer una picardía y le pregunté:

—¿El problema es Peñagaricano?

—Noooooooo —dijo ella y movió la cabeza a los lados.

—Bien, bien —dije, y asentí con la cabeza.

—He intentado mediar todo lo posible —dijo—, pero no he logrado cambiar las cosas. La conversación era bastante extraña: ella quería decir algo que realmente sentía que era importante pero no lo decía. Hice como los psicólogos y seguí aplicando la técnica del silencio.

—Con Peñagaricano me llevo muy bien. Él también ha intentado arreglar las cosas, pero lo que ocurre excede a nuestra autoridad. Nos supera. Algunos avances logramos, pero todo es a fuerza de voluntad. Intentamos resolver conflictos que nosotros no creamos. Mientras nosotros pedaleamos otros aprietan el freno. Así es muy difícil.

—No la veo muy contenta —dije.

—Y no —dijo ella.

Quería evitar hacerle preguntas muy directas, porque podía tensar demasiado la cuerda.

—¿Y qué va a hacer ahora? ¿Le parece que se puede hacer algo para mejorar la situación?

—No —dijo ella—. Es muy difícil trabajar así. Y no me gusta trabajar así.

Se inclinó hacia delante. En su gesto percibí que ya no soportaba seguir callando.

—Bitter me tiene loca. Todo el día me pregunta detalles insignificantes que usa para cargar sus bases de datos y sus programas de gestión.

—¿Está muy en los detalles?

–Eso no está mal. Está bien que se preocupe por la calidad. El trabajo que hacemos exige ser muy cuidadoso. Yo también soy así. Pero él es el director y su rol es dar dirección, es marcar el rumbo. Y no lo hace. Estamos como perdidos, atendiendo nimiedades. Por si eso fuera poco, cualquier compra que hacemos es una complicación...

–Pero él no es el jefe de compras.

–Pero el jefe de compras es... son tal para cual. Uno es obsesivo del control y el otro sospecha de todo, complica todo, trata de ahorrar costos en estupideces...

Se detuvo. Movió la cabeza a los lados.

–Disculpe... Disculpe... Estoy molesta...

–No se preocupe. Todo bien. Hable tranquila.

–Rodríguez, el jefe de compras –continuó–, complica todo. Nunca da una solución.

No le importa que uno tenga el trabajo trancado. Exige mil quinientas firmas para comprar un camión de ladrillos. Y después se queja de todo. Cuando necesitamos el material no está y lo único que pone son excusas.

–Me imaginé –dije.

A ella le sorprendió que dijera eso.

–¿Se lo veía venir?

–A grandes rasgos sospechaba que había algo de eso. ¿No aguanta más, no?

Me contestó con la cabeza. Hizo un leve gesto de negación. Mantuvo la vista hacia abajo.

–Si esto no se arregla pronto, yo no sigo. No soy de renunciar. Yo sé que en toda obra hay complicaciones y que hay que resolver problemas y algunos son muy serios –dijo levantando la voz–. Pero así no me gusta trabajar. Que estemos arreglando problemas con el cliente y con los proveedores porque nosotros mismos los inventamos, es ridículo. ¡Ridículo! La gran mayoría de los problemas se podrían evitar.

Eso era lo que no me quería decir. Estaba con un pie afuera y otro adentro. La decisión de irse ya había crecido mucho dentro de ella y estaba angustiada.

Ya era suficiente. Al escucharla me pareció sentir a Mary, solo que mucho más madura y con más experiencia que la Mary joven que había vivido aquella experiencia frustrante. Méndez parecía una mujer muy profesional, con buenos valores, que había dado todo de sí y que se sentía impotente. Más aún, percibí que le faltaba respaldo. Bitter sin duda que no la apoyaba. La enloquecía y la desestimulaba. Pero sentí que también estaba fallando Schultz. Cuando los buenos empleados piensan en irse y los malos se quedan es porque el gerente no está siendo un buen líder. O, dicho de otra manera: no está siendo un líder de verdad.

La reunión me había dejado claras dos cosas: que Méndez estaba muy incómoda con la situación, con Bitter y con Rodríguez, y que en cualquier momento podía renunciar.

Al día siguiente, a las 10.30, me entrevisté con Leonel Peñagaricano. Se parecía a muchos ingenieros que yo conocía. Tenía un aire distraído, como si pensara demasiado. Se vestía correctamente pero no se ocupaba mucho de su aspecto personal. También me pareció un poco tímido o introvertido. Respondió a mis preguntas con mucha precisión. Sin duda que sabía de lo que hablaba, y de lo que no sabía, no hablaba. Me confirmó que se llevaba muy bien con Méndez y que ella era la que estaba sacando la obra adelante. De sus palabras, muy sobrias y modestas, también pude deducir que él era el contacto más confiable para el cliente. Indagué un poco y descubrí que él era ingeniero civil y también de sistemas, y que sabía muchísimo de logística. Le pregunté cómo evaluaba el liderazgo de Bitter y lo que me dijo fue lapidario:

–Yo no entiendo qué hace y por qué está en ese cargo. Para mí lo pusieron para tranquilizar a los altos ejecutivos en Múnich. Deben haber pensado que si el director era un alemán, las cosas iban a andar bien. Suposición equivocada.

–¿Está molesto con la situación?

–Me molesta un poco porque el hombre no es muy agradable. Pero la lógica indica que lo van a sacar.

–¿Por qué? –pregunté.

–Porque hace mal su trabajo. Es como un director técnico de fútbol: si no dirige bien, el equipo pierde. Alguna vez le puede ir bien de casualidad, o alguna vez lo puede salvar algún jugador con una maravilla. Pero un poco antes o un poco después, su incapacidad se ve y lo sacan.

Le pregunté por Rodríguez, el jefe de compras.

–Es un escollo –dijo.

–¿Por qué? –pregunté.

–Son esas personas que, en lugar de aportar valor, son un obstáculo. Si no estuvieran, las cosas mejorarían.

–¿Un obstáculo?

–Es como un peaje para un conductor –dijo–. ¿Un peaje mejora el tránsito? ¿Ayuda al conductor? No. Lo frena. Le pide dinero para dejarlo pasar. Desde el punto de vista del conductor, el peaje es algo que estorba.

–¿Rodríguez es un peaje?

–Para mí, sí. No te cobra dinero –dijo y se sonrojó–. Es un hombre honrado.

–Por supuesto –dije–. Lo del peaje es una metáfora. Lo que me quiere decir es que Rodríguez es alguien que a veces aparece como una barrera que detiene y que, si no se le da lo que él necesita, no deja seguir. ¿Es así?

–Eso mismo. Entiendo que en compras es necesario el control, porque es un área muy sensible y hay que andar con cuidado. Pero lo de Rodríguez no tiene gollete.

Me causó gracia la expresión "no tiene gollete", usada a veces en Uruguay para decir que algo no tiene sentido.

–¿Y no le preocupa que haya una persona así en una posición tan importante?

–Sí, me preocupa –dijo–. Pero también lo van a sacar. La única razón por la que está es porque alimenta con todos los datos a Bitter, que es el que lo banca. La lógica indica que también va a caer.

Sin duda que Peñagaricano era lógico y que sus razonamientos tenían valor. Pero muchas veces en las empresas hay cosas que no son muy lógicas. Al salir de la reunión me crucé en el corredor con Schultz, que venía caminando con una mujer alta, grande, simpática, afectuosa, que me tuteó desde el saludo mismo. Me dio una tarjeta. Era Margarita Apud, la jefa de Recursos Humanos.

Luego de presentarnos, Schultz dijo:

–Me dijo que quería juntarse con la persona a cargo de Recursos Humanos. Aquí la tiene. Sería bueno que lo hagan ahora.

Nos miramos sorprendidos. Ella me dijo que tenía unos 20 minutos.

–Necesitaría que se junte también con otras personas de mi equipo. Me encantaría igual aprovechar estos minutos –respondí.

Schultz saludó y siguió su camino. Entramos en una pequeña sala. Al sentarnos me dijo que estaba al tanto del encargo que me había hecho Schultz y que contara con ella para lo que necesitara.

–Gracias por atenderme.

Decidí ser directo para aprovechar el tiempo y le pregunté cómo había sido designado Bitter para director de Obra.

–Fue medio a las apuradas. Al director anterior le llegó una muy buena oferta de una constructora argentina para dirigir una obra en el Gran Buenos Aires. Nos vimos forzados a designar a otro director en poco tiempo. Ahí apareció el nombre de Bitter.

–¿Quién lo recomendó?

–El área de Recursos Humanos de Múnich. Nos enviaron su currículum. Es un ingeniero que trabaja desde hace muchos años en la empresa y que estaba en Santiago de Chile. Había participado de una obra que terminó hace muy poco. Además, estaba dispuesto a venir a Uruguay.

–¿Nunca había sido director de Obra?

–No. Si mal no recuerdo, no. En Chile estaba a cargo de la oficina de análisis de datos. Creo que se llamaba "Presupuesto y Control de Gestión".

–¿Y por qué lo eligieron?

–No sé –dijo–. Lo designó directamente Schultz. El proceso demoró solo una semana, porque la obra estaba por empezar y no teníamos director de Obra. Las dos opciones eran Bitter o la arquitecta Méndez. Supongo que jugó a favor de Bitter el hecho de que el currículum lo hayan enviado desde las oficinas centrales en Múnich. Méndez tiene la contra de que es algo joven y que Schultz prefiere esperar un tiempo antes de ponerla en una dirección.

–Por lo que he observado, Bitter no se lleva muy bien con la gente. ¿Has recibido comentarios similares?

–Sí. Recibimos quejas. Incluso hemos tenido problemas con el sindicato. Es un tema que volvió a saltar esta semana. Méndez quedó medio mal parada con la gente en la obra por algo que hizo Bitter. Ella lo arregló, pero no es la primera vez que pasa.

–¿Cómo es eso? ¿El sindicato tuvo un problema con Méndez?

–No, no exactamente. Hubo un problema, que prefiero no mencionarle, que en realidad fue por algo que interpretó mal Bitter pero la que dio la cara fue Méndez. Ella se maneja muy bien con la gente. A pesar de su juventud, tiene el respeto ganado en la obra. La gente le responde. Esta vez ella se hizo cargo de los platos que rompió otro.

En ese momento ingresó un joven a la oficina.

–Marga –dijo–...

–¿Sí? –respondió ella.

–Disculpe, señor –me dijo el joven.

–No hay problema –dije.

–¿Qué pasó, Nacho? –le preguntó ella.

–No nos alcanzan los cascos con logo. Faltan unos diez.

–Mañana llegan 30 más –dijo ella–. Preguntale al capataz si hoy van a estar todos los obreros. En ese caso envía diez sin logo. Si no los necesitan todos hoy, decile que mañana le enviamos los diez que faltan.

–Dale –dijo el muchacho y se retiró.

La mujer me miró y me pidió disculpas y luego me dijo:

—¿En qué estábamos?

—Lo primero ya me lo respondiste —le dije—. ¿Te queda tiempo? ¿Te puedo hacer otra pregunta?

—Sí, sí, tengo unos minutos más.

—La otra pregunta es sobre Rodríguez. También percibí que generaba problemas.

Hizo un ruido extraño con la boca, al mismo tiempo que se tapó la cara y sonrió.

Apretó los dientes y se balanceó.

—Ese es un tema muy sensible y tiene connotaciones políticas delicadas.

—No tenés por qué darme detalles —dije—. Solo te pregunto una cosa: si se lo menciono a Schultz, ¿debería hacerlo con cuidado?

—Yo diría más bien... diría que podés hablarlo tranquilamente con Schultz. Pero yo sería cuidadosa si González está presente.

—Bien, bien —dije.

Recordé lo que me había dicho Peñagaricano y le pregunté:

—¿A Rodríguez lo designó Bitter?

—No exactamente. Digamos que lo ratificó. Bitter aprecia mucho a Rodríguez y se apoya en él. Pero Rodríguez fue designado jefe de Compras para la obra de Colonia antes de que Bitter asumiera la dirección. Bastante antes.

Al despedirnos, Apud me comentó que más allá de lo que me había comentado sobre cada uno de los empleados, tenía información en los sistemas de Recursos Humanos sobre el desempeño de cada uno y sobre la opinión de sus compañeros, y la evaluación de sus jefes sobre su forma de trabajo y sobre sus comportamientos. Le comenté que justamente eso era lo que las personas de mi equipo querían revisar con ella.

Me quedé con la intriga: ¿cuáles serían los temas sensibles entre González y el jefe de Compras? Más allá de eso, Rodríguez había hecho bien los deberes y había conquistado el apoyo de su jefe, o sea, de Bitter. La lógica de Peñagaricano había funcionado bastante bien. Era correcta su observación de que Rodríguez se llevaba bien con Bitter, pero había otros elementos que estaban influyendo en la relación entre los principales responsables. Me convencí de que como decía Laura Méndez, "si seguían así" las cosas iban a salir mal.

Me faltaba solo confirmar una cosa antes de hablar con Schultz. Necesitaba conocer el perfil de Rodríguez, pero el resto del día lo tenía ocupado con otros clientes. Llamé a Rafael, del equipo de X^n, que sabe mucho de talento humano, pero además tiene mucho olfato con la gente. Le pregunté cómo venía con su agenda ese día porque me parecía importante que él se entrevistara con Rodríguez. Me dijo que en la tarde estaba libre.

Aproveché que estaba en SPC y hablé con la secretaria de Schultz. Le pregunté primero si podía preguntarle a Rodríguez si podía recibir a Rafael esa tarde. Lo llamó y me respondió: "Dice Rodríguez que por supuesto. Encantado de recibirlo. Lo espera a las 15.30".

Luego le pedí una reunión con Schultz para la semana siguiente. Me dijo que Schultz viajaba esa noche a Múnich y que aún no había definido la fecha de su retorno. Que ella se ponía en contacto con él y que luego me llamaba.

Le avisé a Rafael por WhatsApp sobre la reunión a las 15.30.

Revisé un par de llamadas perdidas: una era de mi esposa y la otra, de la central telefónica de X^n.

Revisé WhatsApp y tenía varios mensajes, pero uno me llamó la atención. Era de un cliente, de una empresa de software que trabaja en varios proyectos. El nombre que eligieron para la empresa fue "Intelligenzias". El mensaje era de Luis Ordóñez, uno de los ingenieros, y decía: "Gonza, estamos en el horno. Esto es un caos. ¿Podrás darnos una mano? Abrazo".

Capítulo 7

El equipo de jazz

Salí a la calle y fui hasta el auto. Mi esposa me había dejado un mensaje de voz. Era por un tema del colegio de uno de mis hijos. Llamé a X^n y me dijeron que me habían llamado para avisarme que Luis Ordóñez me buscaba con urgencia. Decidí que lo mejor era llamarlo en ese mismo momento, desde el auto.

Se acercó un cuidacoches.

–Voy a demorar unos minutos en irme porque tengo que hacer una llamada –le dije por la ventana.

–Todo bien, maestro. Hable, hable.

Intelligenzias es una empresa muy interesante. Su principal área de trabajo es el desarrollo de programas de software a medida para clientes.

La integran varios ingenieros y analistas de programación con muchos años de experiencia. Uno de los problemas clásicos en este tipo de desarrollo es que el cliente al iniciar el proyecto tiene una idea general de lo que necesita, pero le cuesta mucho definir los detalles, que son claves para llegar a buen puerto con el programa. Otro de los problemas es que a medida que el programa se va desarrollando, el cliente profundiza en sus necesidades, discierne y prioriza mejor, y descubre que tiene nuevas necesidades o que el enfoque inicial debe ser ajustado. Algunos de esos cambios no generan trastornos importantes en la programación, pero hay otros que pueden exigir la reprogramación de partes enteras.

En resumen, el desarrollo de un programa a medida para un cliente, en la gran mayoría de los casos, exige gestionar muchos cambios que pueden impactar en el uso de las horas de trabajo y en los costos. Para el cliente casi siempre significa excederse en el presupuesto previsto o resignar prestaciones en el programa. Y para el desarrollador implica destinar muchas más horas de las que fueron presupuestadas inicialmente.

Una de las metodologías que se utilizan para gestionar mejor el desarrollo de este tipo de programas se conoce como Scrum, una metodología ágil. Es la que decidió aplicar Intelligenzias. Se forman equipos de trabajo para cada proyecto. Estos equipos van generando una versión del software en ciclos (*sprints*), por ejemplo, en períodos quincenales. Cada equipo tiene sus integrantes (*Team Members*). Uno de ellos tiene la visión del cliente (*Product Owner*) y otro facilita el trabajo del equipo (*Scrum Master*). Se prioriza y planifica cada ciclo. Cada integrante se lleva sus tareas y el trabajo se revisa en forma diaria en una reunión de 15 minutos. Al final del ciclo se realizan reuniones en las que se verifica si el producto construido agregó valor y en las que se intercambian ideas para mejorar la forma de trabajo. Esta última reunión se llama Reunión de Retrospectiva y es clave pues es donde las personas conversan abiertamente sobre cómo mejorar. En esta reunión es determinante que los participantes vivan los valores que promueve esta metodología: coraje, foco, compromiso, respeto y apertura.

La empresa tiene un director y un equipo gerencial, pero a nivel de proyectos los equipos no tienen jefes. No hay un plan de proyecto con etapas claramente definidas, salvo lo que se planificó para el ciclo actual y una hoja de ruta general. Cada equipo tiene un coordinador que actúa como enlace entre el director y las gerencias de Intelligenzias y el equipo. La función de Luis Ordóñez es de coordinación.

El equipo tiene algunas reglas, pero según me ha contado Luis, ha habido problemas de cumplimiento.

Ordóñez me atendió de inmediato.

—Hola, Gonza —dijo—. Te estaba buscando

—Por eso te llamé. Recibí tu mensaje. ¿Qué pasó?

–Esto no funciona. Es un caos.

–¿Qué pasó? De este tema ya me has hablado. ¿Cuál es la novedad?

–La novedad es que está cada vez peor –dijo–. La última reunión del equipo fue un desastre.

–¿Cuándo fue?

–Ayer.

–¿Por qué fue un desastre? –pregunté.

–Digamos que un tercio del equipo trabaja bien y está comprometido. Otro tercio no trabaja bien por falta de capacidad. Y el otro tercio hace lo que quiere y cuando quiere, y si no quiere, no hace nada. Durante unos meses, esto lo fuimos llevando. Pero poco a poco el ambiente entre nosotros se fue deteriorando y ayer las cosas se descarrilaron por completo.

–¿Qué pasó?

–No te la voy a adornar: estamos todos peleados. Hemos avanzado muy poco en el proyecto, el cliente está muy enojado y Mario también.

Mario García es el director de Intelligenzias y es un gran defensor de las metodologías ágiles.

–¿Qué te dijo Mario?

–Lo mismo de siempre. Que somos profesionales con amplia experiencia, con muy buena formación y que tenemos que ser capaces de llevar el proyecto sin una persona que nos supervise.

Cuando me dijo estas palabras, hice un pequeño silencio. Desde aquel día en que escuché a Cacho, Mary y Leonel hablar por primera vez en el bar, me quedé pensando en que el funcionamiento que necesitaba Intelligenzias se parecía mucho a una banda de jazz. Incluso pensé en hablar con Cacho sobre los problemas de este cliente, antes de que surgieran estas novedades. Fue entonces cuando agregué:

–Todo esto que me decís es muy parecido a lo que ocurre en una banda de jazz. Lo que dice Mario es que siente que ustedes son grandes músicos y que pueden crear maravillas juntos si comparten sus talentos. Podría ser interesante lograr que un equipo empresarial funcione como si fuera una banda de jazz. Quizás es muy idealista, porque me parece que el jazz no es para cualquiera, pero si funciona en la música quizás Mario tiene razón y en Intelligenzias también funcione.

–Yo no creo que funcione. Estoy muy defraudado –dijo Luis–. El optimismo, en lo que refiere a este equipo, lo perdí hace tiempo. No sé en qué estamos fallando. No sé si es la metodología o si somos nosotros, que no servimos para trabajar así.

–Te entiendo. Yo me sentiría igual.

–¿Se te ocurre algo?

–Algo... Pero no me quiero adelantar –le dije–. Una pregunta: ¿Qué tienen previsto hacer en estos días? ¿Cuándo se reúnen nuevamente?

– Lo primero que hice ayer, después de la reunión del equipo, fue hablar con Mario. Barajamos varias posibilidades, desde cambiar a algunas personas del equipo hasta cancelar el proyecto y compensar económicamente al cliente. Lo otro que surgió, fue hablar contigo. Me lo sugirió el propio Mario. Hoy tengo una reunión con él. ¿Qué le digo?

–¿Están haciendo las reuniones diarias?

–Están suspendidas por ahora. Eso lo decidió Mario. Me dijo que no volviéramos a reunirnos hasta que encaucemos el problema. No podemos correr el riesgo de que las relaciones personales se deterioren aún más. El tema es que ¡está todo parado! no podemos seguir así mucho tiempo más porque hay mucha presión del lado del cliente. Tenemos que decidir lo que vamos a hacer en forma urgente.

–Si bien parece lógico suspender las reuniones dado que hay mucho conflicto, lo que promueve Scrum es que la solución surja del propio equipo. Si no se juntan, difícilmente lo puedan resolver. Me gustaría participar de una reunión de retrospectiva para entender cuál es la visión de todos los miembros, qué sugieren hacer y observar sus comportamientos. Después podemos evaluar si es necesaria una intervención externa.

–No tengo problema. Convoco a una nueva reunión y aviso que vos venís. No se pierde nada con hacer otro intento.

–Mientras tanto yo voy a investigar más sobre el tema y te llamo.

–Gracias, Gonza.

–Ánimo, Luis. Un abrazo.

Apenas corté, el cuidacoches se acercó nuevamente. Le di unas monedas y me dijo nuevamente "gracias, maestro". Antes de arrancar, le escribí un mensaje a Leonel. Le pedí que me pasara el teléfono de Cacho, el músico de jazz. El cuidacoches se había alejado.

Encendí el auto y me fui.

El resto del día estuvo muy agitado. Me junté a almorzar con el Equipo Ejecutivo de X^n, luego estuve toda la tarde facilitando un taller sobre liderazgo, y terminé a las siete y media de la tarde. Leonel me pasó el teléfono de Cacho, a quien le escribí y quedamos en vernos al día siguiente en el bar Las Rosas a las seis de la tarde.

Decidí volver a mi casa por la rambla de Montevideo, a pesar de que el trayecto era un poco más largo. Había mucho tráfico, pero a esa hora no había un camino mejor. La rambla tiene la virtud de ofrecer una vista que no me canso de disfrutar, en particular al atardecer. Años atrás hacía el mismo hermoso recorrido todos los días, pero en aquellos momentos casi no percibía lo que pasaba a mi alrededor. Era lo mismo que condujera por la rambla con una vista de cielo abierto, mar y arena, a que lo hiciera por un túnel oscuro. Siempre venía pensando en otras cosas, venía concentrado en preocupaciones del trabajo. Mis pensamientos no me dejaban apreciar la belleza del entorno.

Mientras me dirigía hacia el auto, recibí una llamada de la secretaria de Schultz. Agendamos una reunión para la semana siguiente. Eso me daba unos días para que mi equipo se juntara con Apud y para preparar el informe que le quería presentar a Schultz.

Mientras conducía por la rambla hacia mi casa recordé mis años de juventud. En esa época era una persona muy racional, apasionado por las matemáticas, la ingeniería, la lógica, la física. Como ingeniero compartía muchas horas de trabajo con otros ingenieros, y hablar sobre las emociones era un tema tabú. Cuando comencé a trabajar me hizo mucho daño no expresar lo que sentía. La vida y los años me enseñaron que es importante expresar las emociones. Además, aliento a los integrantes de mi equipo a que lo hagan.

En el caso de la constructora y en el de la empresa de software (también en el de otros muchos equipos), el factor emocional había sido descuidado. No era la única causa de los problemas, pero parecía ser importante.

Miré a lo lejos. El sol fue desapareciendo poco a poco en el horizonte y las luces de la rambla se encendieron. Mientras esperaba en un semáforo, observé a las personas que caminaban o corrían por la vereda. Unos sudaban, otros sonreían y otros estaban inmersos en sus pensamientos.

Alguien me tocó bocina. El semáforo se había puesto en verde. Con la mano hice un gesto de disculpa y arranqué.

Al día siguiente, en el bar no estaba solo Cacho. Estaban todos.

–Cacho me comentó –dijo Leonel– que se iban a juntar para conversar sobre una empresa de software que se quería convertir en una banda de jazz. Me pareció alucinante. La Software Jazz Band. Yo le dije que no me perdería por nada esa conversación.

–Yo tampoco–dijo Mary–. Ni loca me la perdía.

Como siempre, vino el mozo, pedimos algo para tomar, charlamos unos minutos de forma informal, hasta que Cacho me preguntó por la empresa. Le expliqué un poco el tema del desarrollo de software a medida y de las diferentes metodologías que habían desarrollado para gestionar el tema de los cambios cuando el proyecto ya está en marcha. Por último, le resumí la situación que se estaba viviendo en Intelligenzias.

–Yo sospecho que esa "libertad" de trabajo la están manejando mal –le dije al final–. Pero quiero conocer tu punto de vista –le dije a Cacho.

–Mientras te escuchaba –dijo Cacho– recordé uno de los problemas más graves que tuve como músico de jazz. Fue tan grave que destruyó mi banda anterior. Y tu sospecha es correcta: el tema del manejo de la libertad no es nada sencillo. En el jazz es fundamental la libertad, pero también es fundamental cumplir con ciertas cosas básicas.

–¿Cómo por ejemplo? –pregunté.

–Por ejemplo, las reglas –dijo Cacho–. En el jazz vivimos situaciones muy parecidas a la que describiste recién. Hay pocas reglas, pero como improvisamos, tenemos que estar seguros de que las que acordamos se cumplen, porque si no te perdés.

–¿Y qué pasó en esa banda? –le pregunté.

—Algo parecido a lo que decías: era un caos. Y, por lo tanto, sonábamos mal. El público de jazz se da cuenta enseguida y te lo hace saber.

—¿Por qué siguieron igual? Quiero decir: ¿por qué no lograron resolverlo?

—Es que, en lugar de resolverlo, nos peleábamos. Para mí era claro que había algunos miembros de la banda que no hacían lo que tenían que hacer. Uno directamente no ensayaba y si no ensayás tocás mal, o tocás de manera muy simple. Otro hacía la suya, no seguía las pautas que habíamos predefinido, y en medio de una interpretación empezaba a hacer otra cosa, o peor, no hacía lo que tenía que hacer y te dejaba colgado.

—Había reglas... —dijo Leonel—, ¿pero no las respetaban?

—Exacto. En realidad, son pocas las reglas porque todos queremos estar libres para crear. La improvisación está en la esencia del jazz. El tema es que si cada uno improvisa como quiere y cuando quiere, la banda no suena bien. Las reglas son solo para eso, para coordinarnos y para que cada uno haga su parte cuando le corresponde. El problema es que había algunos que argumentaban que sí, que las respetaban, pero a su manera.

—¿Y qué pasó? —preguntó Mary.

—Finalmente nos separamos. Con Pedro, que es un muy buen amigo y que estaba en esa banda y compartía la misma visión que yo, armamos una nueva, la actual, Red Kings. A los demás no los volví a ver.

—¿Eso fue hace mucho tiempo? —pregunté.

—Red Kings tiene seis años.

—¿Y están bien? —preguntó Leonel.

—Sí.

–¿Cuál es la explicación? –pregunté.

–No sé si hay una sola explicación. Después de aquella mala experiencia, Pedro y yo hablamos mucho. No estábamos dispuestos a cometer los mismos errores. Amo el jazz, pero en esa banda la pasé mal y no puede ser que uno pase mal haciendo algo que ama. Los dos llegamos a la misma conclusión: en una banda de jazz hay pocas reglas, pero hay que cumplirlas a rajatabla, porque si no el resto no sabe qué es lo que tiene que hacer y todo sale mal. Había otro problema…

–¿Cuál? –preguntó Mary.

–El otro gran problema era una persona. Quería tocar jazz pero no sabía lo suficiente, todavía no estaba en el nivel que precisábamos nosotros. En el jazz tenés que saber de música, escalas, variantes, hay mucho a tener en cuenta para improvisar y ajustarte a los demás rápidamente. Él se creía un genio, pero lo cierto es que generaba distorsiones y nos entreveraba. En mi caso y también en el de Pedro, muchas veces me vi en la situación de improvisar para tratar de tapar sus errores, no para crear sobre lo que él había aportado.

–¿Quién era ese músico? –dijo Leonel con una sonrisa sarcástica.

–No te voy a decir el nombre –dijo Cacho, también sonriendo–. Pero sí te digo que mejoró mucho, pero nunca más tocó en una banda de jazz.

–Me parece que ya sé quién es. ¿Es roquero ahora, no?

–Lo dijiste vos, no yo –dijo Cacho.

Mientras Leonel movía la cabeza y los demás nos reíamos, Cacho dijo:

–Pero seamos justos. Evolucionó como músico y hoy es un muy buen roquero. Ese era su lugar. Como el rock no es para mí, el jazz no era para él.

—Eso me gustó —dijo Leonel y guiñó un ojo—. Bien ahí, Cacho. Bien dicho.

Cacho inclinó la cabeza, como una sutil reverencia.

—Después de esto... —dijo—. Me refiero a después de esta mala experiencia... No a este intercambio con Leonel —le devolvió la guiñada—. Después de esto, definimos con Pedro dos cosas en las que no estábamos dispuestos a negociar en futuras bandas. La primera es que la integrarían solo muy buenos músicos. Y la segunda es que los integrantes se comprometían a cumplir a rajatabla las pocas reglas que nos fijáramos. Hasta ahora nos ha funcionado. Nuestra actual banda suena muy bien y además lo pasamos bárbaro. Más qué bárbaro. ¡Somos más felices!

Leonel lo palmeó en el hombro.

—¿Cuándo tocan la próxima vez? —le preguntó a Cacho.

—El viernes de la semana próxima, a las 9 de la noche, tocamos en El Conventillo.

—Voy a ir —dijo Leonel.

Capítulo 8

La orquesta alemana

En los días previos a la reunión con Thomas Schultz repasé varias veces la historia que me había contado Mary. Me centré en los dos grandes momentos que ella narró: la primera orquesta, que terminó en un fracaso rotundo, y la segunda, que tras implementar algunos cambios se convirtió en un gran éxito.

A simple vista no cambió el contexto y además la mayoría de los participantes eran los mismos. La pregunta que me hice varias veces fue: ¿Por qué había cambiado tanto el resultado?

Una de las cosas que me impactó del relato de Mary fue que no solo narró los hechos, sino que al contarlos parecía como si los estuviera reviviendo, a tal punto que la vi varias veces muy emocionada. Al principio fueron emociones de bronca y frustración, al final fueron de alegría y satisfacción. ¿Sus compañeros también lo habían vivido de igual manera?

También observé que los cambios realizados habían sido básicamente dos y que fueron suficientes para cambiar la historia por completo. El primero fue la sustitución del director. El segundo fue la salida de los músicos tóxicos o pálidos. Lo que tenían en común ambas decisiones era que habían impactado prioritariamente en la dimensión emocional.

El día anterior a la reunión con Schultz hicimos una reunión de trabajo con el equipo de X^n. Les conté la historia de Mary.

–¿Les parece que en la constructora pasa lo mismo? –pregunté al equipo.

–Sí, sí. No tengo dudas –dijo Patricia.

–Los problemas de la constructora no son racionales –dijo Rafael–. Son humanos, afectan la dimensión emocional.

—No va a ser fácil hablar con Schultz de asuntos humanos. No tiene ese perfil.

—Siempre es difícil —dijo Ana Inés—. Hablar de lo técnico siempre es mucho más fácil.

En lo primero que pensé fue en el caso de Rodríguez.

—Rafa, ¿qué impresión te dio Rodríguez?

El rostro de Rafael lo expresaba todo.

—Es casi de manual —respondió.

—¿Un pálido, nomás? —preguntó Patricia.

—Sí, sí —dijo Rafael—. No es como Bitter, que no me parece un pálido, creo que va más por el lado del control, de la rigidez y del autoritarismo. Rodríguez es el clásico tipo simpático, pero que tranca todo.

—¿Te atendió bien? —pregunté.

—Me recibió como si fuéramos íntimos amigos. Pero en cuanto le mencioné ciertos temas, de inmediato recurrió a las excusas típicas. Por ejemplo, le mencioné la posibilidad de acelerar algunas gestiones, y me dijo: "Lo que pasa es que en la Aduana…" y no sé qué más. Le sugerí cambiar algún procedimiento interno para acortar tiempos, y me respondió "En SPC Tec Industries siempre se hizo así…". Lo dijo con un tono serio, como si fuera algo institucional. Ningún problema era de él, siempre había otra persona responsable de que él no pudiera hacer su trabajo.

—Seguro que puso cara de importante para decir tonterías —dijo Patricia algo molesta.

—Se quejó —siguió Rafael— de algunos que no leen los mails con las notificaciones que les envía compras. Puso el énfasis en algunos, le pregunté nombres y me dijo "prefiero no decirlos". Le pregunté con qué frecuencia enviaba esas notificaciones y de qué largo eran. Me dijo que enviaba "solo" cinco o seis mails por día y que la extensión no superaba las dos páginas.

Patricia lanzó su cuerpo hacia delante.

–Me enoja. Perdón que lo diga. Esta gente me hace enojar. Todo eso que hace, decir que no se puede porque la empresa no hace las cosas así, de mandar mails todo el día con notificaciones, es una estrategia. En lugar de hablar con la gente o enviar un mail cada varios días, bien concretito y resumido, con la información que realmente importa, manda decenas de mails y sin prioridad. Si alguien le dice algo, dice "yo mandé un mail tal día". Es una estrategia. Lo único que le interesa es cubrirse el... –se mordió la lengua– trasero. Perdón...

–A mí también me genera esas emociones –dije–. Los testimonios que recibí me indicaban que estábamos ante un pálido. Le pedí a Rafa que hablara con Rodríguez porque no quería sacar conclusiones por versiones de otros. Ahora está confirmado.

–Totalmente –dijo Rafael–. Además, me junté también con Margarita Apud. Me mostró las evaluaciones de Rodríguez, en lo que refiere a resultados y a los comportamientos, y todo cierra. Revisé la información de todos los demás involucrados y confirmé los supuestos que teníamos.

El resto de la reunión lo dedicamos a preparar mi conversación con Schultz y a diseñar algunos posibles caminos de solución para SPC.

En la reunión se encontraba Schultz y también González, lo que me inquietó un poco. Cuando llegara al tema de Rodríguez tenía que caminar en puntas de pie, como me había aconsejado Apud. Había algo que podía tocar fibras sensibles, que yo desconocía y que no debía ser el tema en discusión. Lo que realmente importaba era que Rodríguez ponía palos en la rueda en lugar de colaborar y ejecutar.

Ambos me recibieron de forma muy amable, pero se los notaba ansiosos. Luego de una breve introducción, Schultz tomó la palabra:

—Me comentaron que conversó con las personas del equipo y con Apud. Pero también con Rodríguez.

Me llamó la atención esa mención a mi conversación con Rodríguez, que no estaba en la lista de personas que ellos me habían indicado para hablar. Quizás había sido intencional, quizás había sido casual.

—Así fue. Las reuniones fueron muy valiosas. Y agradezco la buena disposición de todos para conversar conmigo y con Rafael, que fue quién habló con Rodríguez y con Apud.

—Pues si es así entonces vayamos directo al grano, como dicen en Uruguay —dijo Schultz—. Cuéntenos... ¿Qué es lo que está pasando?, ¿Qué recomendaciones tiene para nosotros?

Debo admitir que me tomó por sorpresa. Mi idea previa, debido a que el tema que debía plantear era delicado, era desarrollar con ellos una conversación gradual y digamos que "políticamente correcta".

Pero de pronto me vi ante a una pregunta concreta y frente a dos personas que me miraban y esperaban mi respuesta. Al sentirme presionado atiné a hacer una pausa, con la vieja técnica de devolver la pregunta.

—¿Quiere que sea franco y directo?

—Sí —dijo Schultz—. Se lo agradeceríamos mucho. Estamos cansados de que la gente dé vueltas y vueltas. Hay que adivinar lo que quieren decir.

—Bueno...—dije—. Si así lo quiere...

Y lo que hice fue lanzarles en la cara nuestras conclusiones sin anestesia y sin vueltas. Fue lo que me pidieron, pero confieso que lo hice con muchos nervios.

–Bien. Nuestra conclusión es que el estilo de liderazgo de Bitter no es el indicado para trabajar con Méndez y con Peñagaricano. Me pedía una recomendación...

–Sí.

–Perfecto. Mi recomendación es que, de forma urgente, no más de una semana, cambie al director de Obra.

–¿Me recomienda que despida a Bitter? –preguntó Schultz.

–Usted sabrá cuál es la mejor manera. Quizás es un despido, quizás es un cambio interno a otra posición. Mi conclusión es que no es la persona correcta para liderar el equipo que tiene hoy a su cargo. Es excesivamente racional y autoritario, no tiene la capacidad de ponerse en el lugar de los otros. Esto no es compatible con los dos ejecutivos que reportan directo a él.

Pensé en agregar "no es compatible con ellos ni con nadie" pero estaba de más y no se lo dije.

–Bien –dijo Schultz–. ¿Algo más?

–Sí –dije–. Hay otra persona que genera mucha distorsión.

–Dígame.

Schultz no me daba respiro.

–Identificamos en las entrevistas que el jefe de Compras, me refiero a Rodríguez, en lugar de facilitar el trabajo del equipo, lo complica. Por esa razón le pedí a Rafael que hablara con Rodríguez porque no queríamos sacar conclusiones solo por los testimonios de los involucrados. Nuestra conclusión es que Rodríguez hace su trabajo de una manera digamos que excesivamente "legalista" o "reglamentarista". Se escuda en normas y reglamentos y en el estilo de Bitter y lo que hace es alimentar una burocracia inoperante.

González abrió los ojos y se tiró hacia atrás como golpeado por mis palabras.

–Oooookei –dijo Schultz, de una forma rara, estirando la "o", y miró en dirección a González.

Me miró nuevamente. No estaba dispuesto a soltarme. Continúe hablando.

–No sé si lo mejor es desplazar a Rodríguez de esa posición, pero lo que sí es necesario es que otra persona se encargue de las compras de esta obra. Se requiere ejecutividad, velocidad y trabajo en equipo con Méndez y Peñagaricano. Lo que yo percibí es que Rodríguez pone piedras en el camino.

Hice una pausa, y aunque fue breve, se disparó en mi mente una catarata de pensamientos. Todos me decían más o menos lo mismo: que había sido más que franco y directo. Había sido brutal. Me preparé para que Schultz y González me invitaran, gentilmente, a retirarme.

Tras mi pausa, se produjo un silencio muy incómodo. Los segundos pasaron con una lentitud intolerable. Sentí una energía muy espesa en el lugar.

Schultz me miró con una expresión fría, pero noté que había una cierta calma en su mirada. Con amabilidad, me pidió que explicara.

–Amplíe, por favor –me dijo–. Me gustaría que me explicara mejor por qué nos recomienda esas dos decisiones.

Respiré aliviado. Primero, porque no me habían invitado a irme. Y segundo, porque la pregunta de Schultz me permitía –¡por fin!– hablar de la manera que me hubiera gustado hablar desde un principio.

–Me gustaría comentar algo antes –dije–. Algo que va más allá de estas dos personas.

–Adelante –dijo Schultz.

–Para mí un equipo –dije y me detuve a pensar–… Para mí un equipo no es solo un conjunto de personas con buen intelecto o técnicamente muy capaces. Hay otra dimensión que pesa mucho en el buen funcionamiento del equipo, en la compenetración y fusión de sus miembros, y en definitiva en los resultados que se producen, y esa dimensión es la emocional. En esta obra no percibí grandes problemas técnicos, ni tampoco falta de capacidad en los profesionales. Lo que percibí fue una gran deficiencia en las relaciones humanas.

–Entiendo –dijo González, lo que me sorprendió porque pensé que después del comentario sobre Rodríguez me lo había ganado como enemigo.

–En ocasiones –continué diciendo– se pone mucho foco y trabajo en temas como los roles y las responsabilidades, los planes, los objetivos, pero se descuida lo humano, lo emocional.

–¿Cómo se hace para cuidar ese aspecto? –preguntó Schultz con mucha modestia.

–Para cultivar esta dimensión se requieren ciertas consideraciones. Lo primero es que el director, o la persona de mayor jerarquía en un equipo, no puede ser cualquier miembro. Es una persona a la que se le faculta con la mayor autoridad y eso significa que puede tomar decisiones sin autorización o sin solicitar el respaldo del resto de su equipo. También puede vetar una decisión tomada por otro, puede promover, despedir, evaluar, castigar, reconocer.

–Es muy cierto –dijo González.

–Algunas personas que ocupan esta posición se confunden y usan el paradigma del "maestro de ajedrez": deciden y mueven cada ficha como si fueran solo piezas y no personas inteligentes y capaces. Pero si quieren cultivar la dimensión emocional en las personas, se debe pensar como piensa un "jardinero", que procura generar un entorno que permita que las flores crezcan y brillen. No duda en cortar rápidamente las hierbas malas. A las flores las cuida, las riega, las cultiva con paciencia y cuando florecen, coloca a las más bellas al frente para que todos las vean. Un líder se ocupa de mostrarles a todos cómo brillan las personas en el equipo, no cómo brilla él o ella.

—Es una buena imagen —dijo Schultz.

—Esta persona —continué— es determinante en la formación de un equipo. O en su destrucción. Por esa razón, es necesario superar la idea de "jerarca" o de "jefe". Para lograr un desempeño extraordinario, lo que precisamos es mucho más que eso. Precisamos líderes.

—Para usted ¿cuál es la principal diferencia? —preguntó Schultz.

—Hay varias diferencias entre un jefe y un líder. Peter Drucker, considerado uno de los mayores pensadores sobre el management, afirma que los líderes generan emociones. Más aún: que los líderes generan y dirigen las energías humanas. El liderazgo no se trata de generar planes, orden, minutas, control o metas. Se trata de generar emociones en las personas, generar energía emocional. Los líderes generan emociones que "motivan" a las personas, y además dirigen esas energías en una dirección compartida, hacia un objetivo común. Se ocupan, por supuesto, de la planificación, el control, las metas, el orden, que son muy importantes, pero muy especialmente se ocupan de la energía humana. Eso los hace líderes. El liderazgo no está reservado solo para los que tienen el mayor cargo jerárquico. Es importante desarrollarlo en todas las personas de la organización, y, de hecho, en los equipos de alto desempeño el liderazgo es compartido. Esto no le quita importancia a la persona con el mayor cargo. Pero cuando la persona con el mayor cargo no es un buen líder es un problema muy serio, porque destruye a todos los demás.

–O sea que los líderes entienden y manejan la dimensión emocional de las personas –parafraseó González.

–Sí, eso es clave.

–Pero los planes son importantes –dijo Schultz.

–Totalmente de acuerdo. Una cosa no impide la otra. Los planes, las metas, la capacidad técnica, son muy importantes. Por supuesto que sí. Un jugador de fútbol debe entrenar, debe practicar jugadas, relevos, movimientos en la cancha, y debe manejar muy bien los fundamentos técnicos del fútbol. Pero todo eso de nada sirve si entra a la cancha desganado, frustrado y sin confianza. Es importante y necesario, pero no es suficiente.

–Tiene razón –dijo Schultz.

–El combustible que mueve a las personas es emocional. Incluso cuando estamos sin energía física, agotados, si estamos emocionalmente entusiasmados, continuamos en la lucha. Sacamos fuerza, sacamos energía de algún lado. Hay contextos en los cuales este combustible fluye mejor y hay contextos en los que fluye peor o, mejor dicho, no fluye.

–¿Eso es lo que nos está pasando? –preguntó Schultz apesadumbrado.

–Sí –dije.

Hice una pausa. Ambos me miraron expectantes.

–La situación que vi no es buena –agregué–. No hay una buena energía, porque no hay buenas emociones. En una obra con estas características el factor humano es determinante. Me atrevo a decir que muy pronto se van a producir momentos de real y verdadera exigencia y si hay poca energía o la energía no fluye, o se pierde en temas colaterales, el riesgo es grande: negligencias, errores graves, renuncias de profesionales en momentos críticos.

–Es verdad. Aún no llegamos a los verdaderos momentos de presión –asintió Schultz–. Mi experiencia en otros proyectos similares es que los problemas grandes se producen más adelante.

–Con más razón, entonces. Se requiere que el equipo trabaje desde ya con una energía emocional muy alta, pues va a ser la única manera de sortear los problemas que se vienen por delante. El cumplimiento de plazos siempre es un factor de tensión. Opera como una olla a presión. Si el equipo no está bien, esa presión por algún lado va a estallar y muchas veces estalla por el peor lugar.

Por primera vez percibí que Schultz se aflojaba. Desde que había comenzado la reunión estuvo sentado con la espalda muy erguida, un poco inclinado hacia delante, sin tocar el respaldo, con una actitud un poco amenazante. Por primera vez en casi media hora, dejó esa posición rígida y se recostó sobre el asiento.

–Creo que en la reunión anterior les comenté –dije– sobre la similitud entre una obra de construcción y una orquesta de música clásica.

–Sí –dijo González–. Luego lo comentamos entre nosotros, porque a Thomas le encanta la música clásica y sabe mucho del tema.

–Sigo pensando que hay similitudes. En los dos casos es muy importante la organización, la claridad sobre lo que se debe hacer y la definición precisa de los roles y las tareas de cada uno. Pero ahí hay una trampa.

–¿Cuál es la trampa? –preguntó González.

–Nos puede llevar al error de pensar que un jefe autoritario, un jefe que coordine y se asegure que cada uno haga lo que tiene que hacer, es la mejor opción. El error está en dar por sentado que para lograr el éxito es suficiente con atender la dimensión racional o técnica en esta clase de equipos. Pero como ya lo mencionamos, de nada sirve esa organización de alta precisión si no hay un buen jefe con liderazgo que desarrolle la dimensión emocional del grupo y de las personas que lo conforman. En X^n llamamos jefes a las personas que tienen la mayor jerarquía en un equipo. No nos gusta mucho la palabra "jefe", pero ese es el rol. No nos gusta porque se asocia con una persona autoritaria, con un mal jefe. Pero hay también buenos jefes. Un jefe puede ser intenso, de hecho muchos lo son, pero a veces esa intensidad está mal canalizada. Probablemente conozca al director de orquesta Ricardo Muti.

–Conozco a Muti. Gran director –dijo Schultz.

–Sin duda que lo es. Pero es interesante lo que explica muy bien Itay Talgam, otro director de orquesta, en una charla en TED titulada "Lead like the Great Conductors".

En esa charla, Talgam habla sobre Muti y sobre Leonard Bernstein.

–Maravilloso. Bernstein es una maravilla –dijo Schultz y movió una de sus manos suavemente, como si él fuera un director.

–Según Talgam, Bernstein es un gran líder –dije.

–¿Qué es lo que dice en esa charla?

–Talgam comenta que 700 músicos y empleados del teatro La Scala pidieron la dimisión de Muti en el año 2005. Los músicos lo acusaron de varias cosas, entre ellas de ser un "tirano".

–Se le nota al dirigir –comentó Schultz–. Es intenso, de movimientos bruscos.

–Al final de la charla, Talgam muestra la contracara de Muti, que es Bernstein. Muestra un video en el que Bernstein está de pie frente a la orquesta y no hace nada. Solo se perciben los gestos de su rostro que muestran la emoción que siente al escuchar a todos esos músicos hacer algo tan hermoso. Talgam habla sobre la belleza de "hacer sin hacer nada". "Si amas algo, déjalo ir", dice.

Obviamente que para que una orquesta toque muy bien, con una mínima intervención de su director durante un concierto, es necesario trabajar mucho previamente. Pero es un trabajo muy diferente. No se busca solamente que la obra suene bien. Fundamentalmente se busca que los músicos crezcan, y lo más importante es depositar mucha confianza en ellos. La imagen del liderazgo que nos explican en esta charla, y que lo representa Bernstein, es lo que sugiero que busquen para la obra de construcción y para otras obras que tengan en el futuro.

–Está claro –dijo Schultz–. Muy bueno su ejemplo.

–Se podría decir –dijo González–, que el estilo de liderazgo de Bitter se asemeja al de Muti.

–Es probable –dije.

–Y si sigue al frente, ¿se podría decir que se corre el riesgo de que Méndez o Peñagaricano renuncien o pidan su renuncia? –preguntó nuevamente González.

–Es un escenario muy probable –dije.

–O que el sindicato, como el de La Scala de Milán, pare la obra –dijo Schultz.

–No me arriesgaría a decir eso –hice una mueca con la boca–, pero tampoco lo descartaría.

En ese momento de la reunión, quien –finalmente– se relajó fui yo. Sentí que había logrado transmitir el mensaje de la manera correcta. No se trataba solo de quitar y poner gente. Lo importante era hablar sobre qué es el verdadero liderazgo y qué es un verdadero equipo de alto desempeño. En ese momento sentí que lo había logrado.

–En mi opinión –agregué–, por lo que vi, sus mejores "músicos" son quienes están más cerca del cliente y de las personas de la obra.

–¿Méndez y Peñagaricano?

–Sí. El mayor riesgo es que los pierda, porque ahí sí el problema va a ser muy grave. Todavía no lo es, porque a pesar de todo ellos siguen haciendo su trabajo. Pero si ellos se van, el panorama es negro.

–¿Le dijeron algo?, ¿están pensando en renunciar? –se apuró González a preguntar. –No, no. Es algo que sentí –respondí, aunque no era verdad en el caso de Méndez. Pero era mi deber proteger la privacidad de la conversación que había tenido con ella.

–¿Por qué sintió eso?

–Ambos fueron muy prudentes, pero noté que estaban muy molestos. Si yo estuviera en el lugar de ellos, diría que la idea de irse no está lejos. Es muy difícil trabajar en las condiciones en las que lo están haciendo. Son personas que quieren hacer, las cosas bien, pero no se sienten apoyados. Sobre todo, eso es lo que percibí: que se sentían desprotegidos, vulnerables.

–Oh, no –dijo Schultz–. Esto no puede seguir así.

–¿Pero, quién podría ocupar el lugar de Bitter? –le preguntó González a Schultz.

–No sé, pero esto hay que pararlo ya mismo –dijo Schultz.

–Apud me comentó –intervine– que antes de Bitter había otro director de obra y que se fue para Argentina. Esa es una posibilidad. Quizás podrían hacerle una nueva oferta y recuperarlo. Otra opción podría ser alguien del equipo actual, Méndez o Peñagaricano.

Schultz asintió con la cabeza.

–Veo que hay alternativas –dijo–. Esto lo voy a resolver yo y lo voy a hacer pronto. Pasemos al otro tema. ¿Qué pasa con Rodríguez?

Schultz no miró a González, pero yo instintivamente lo hice y percibí nuevamente su gesto de incomodidad. De pronto me di cuenta de que Schultz ahora también lo miraba.

—No conozco a Rodríguez —dije—. No hablé con él, pero lo hizo Rafael, de nuestro equipo. Le pedí a Rafael que lo hiciera, porque al hablar con Méndez y Peñagaricano sentí que Rodríguez en lugar de facilitar las cosas, las complicaba, y que el diálogo con él era muy difícil. No sé cómo transmitirlo...

—Hable con confianza, Noya. Confío en usted —dijo Schultz.

Sus palabras me alegraron, pero también me di cuenta de que no me hablaba solo a mí. También había lanzado un tiro por elevación hacia González.

—Gracias —dije—. En X^n tenemos una expresión para personas como Rodríguez. Los llamamos pálidos. Son esas personas que en lugar de solucionar problemas se quejan, ponen palos en la rueda. No generan energía positiva en el equipo. Peor aún: succionan la energía positiva de los demás.

—¿Son como un agujero negro? —dijo Schultz y esbozó una leve sonrisa.

—Es una buena manera de verlo —dije—. Aquí me resulta más difícil hacer una recomendación...

—En este caso no se la voy a pedir —dijo Schultz y giró hacia González y le dijo: —Carlos, quiero que arregles esto hoy mismo.

González bajó la cabeza y luego se dirigió a mí:

—Siento que le debo una explicación —me dijo.

—No, no —levanté las manos—. No me debe ninguna explicación.

—Sí, se la debo, porque usted fue muy prudente y respetuoso sobre algo que seguramente le llegó de una manera mucho menos prudente y respetuosa.

–No, no, no es así –dije–. Todos fueron muy respetuosos.

–Ya lo debe saber, pero creo que es importante que sepa que Rodríguez es mi sobrino.

Hizo una pausa, como si esperara una confirmación de mi parte.

–No sabía que era su sobrino, ni lo pregunté –dije.

–Mi sobrino es un muy buen profesional, pero últimamente ha tenido más de un problema en nuestra empresa, sobre todo cuando se siente presionado. Tengo claro que en este proyecto, que podríamos decir que es muy "sensible", lo más prudente es sustituirlo. Yo me voy a hacer cargo de este tema y prometo brindarle orientación y consejo a mi sobrino en el futuro.

–Gracias, Carlos –le dijo Schultz, con un tono comprensivo.

González cerró los ojos y bajó la cabeza.

–De mi parte –dije–, es todo.

–Muchas gracias –dijo Schultz–. Ejecutaremos esos cambios. Nos gustaría volver a hablar con usted en breve porque me he dado cuenta de que es necesario trabajar más y mejor en el tema de liderazgo y de construcción de equipos.

–Me encantaría colaborar –dije–. Es un desafío muy lindo.

–Le agradezco su sinceridad –agregó Schultz–. No debe haber sido fácil para usted decirnos lo que nos dijo. Le pido disculpas si mi estilo fue muy brusco.

–No hay problema –dije–. Gracias a usted por su franqueza.

–Lo llamaremos en breve –me dijo González mientras me estrechaba la mano.

Observé que González había quedado golpeado y que estaba preocupado. Nunca es fácil manejar asuntos como el que él tenía entre manos, en el que se mezcla la responsabilidad empresarial con temas familiares, donde están en juego los sentimientos hacia los seres queridos.

Al volver a la oficina decidí escribir mis conclusiones sobre lo ocurrido:

- *No alcanza con las **habilidades** técnicas. Para formar un **equipo** es necesario **entender** y **trabajar** sobre la dimensión emocional.*

- *La **energía** emocional del **equipo** la generan sus miembros. Para esto se precisan **líderes**, no jefes.*

- *El rol de un gran **líder** no es controlar, es **inspirar**. La tarea de los **líderes** es **despertar** posibilidades en otros. Un buen **líder** no brilla, hace que los demás brillen.*

- *"Si quieres **construir** un barco, no te eches encima de la **gente** para que recojan madera y no les asignes tareas y trabajo. En su lugar, **enséñales** a admirar lo vasto y grande que es el mar".*

    Antoine de Saint-Exupéry.

Capítulo 9

La Software Jazz Band

Era una tarde lluviosa. El tránsito estaba muy lento y la visibilidad era baja. La reunión de retrospectiva con el equipo estaba prevista para las 14 horas y luego nos reuniríamos Luis, Mario y yo. El traslado en auto desde X^n a Intelligenzias en promedio me tomaba unos veinte minutos. Esa tarde decidí que lo mejor era salir un poco antes, para evitar contratiempos.

En los días anteriores había analizado más de una vez el caso de Intelligenzias. Tenía una ventaja y era que, a diferencia de Audio UY y de SPC Tec Industries, conocía la realidad de Intelligenzias porque era cliente de X^n. Veníamos trabajando desde hacía más de dos años en uno de sus proyectos más grandes, un sistema para una empresa petrolera. Cuando empezamos a trabajar había grandes problemas con el equipo y con el cliente y luego de una serie de intervenciones finalmente el proyecto se encaminó. Hoy está entregando excelentes resultados para el cliente, para la empresa y para todas las personas involucradas. Hasta este momento solo habíamos trabajado para ese proyecto, pero Mario y Luis más de una vez me habían comentado que les gustaría que los ayudáramos en otros proyectos.

Mientras conducía a baja velocidad por las intensas lluvias, repasé la reunión con el equipo de X^n del día anterior.

Al inicio compartí las principales enseñanzas de la historia de Cacho sobre su grupo de jazz. No estaba seguro de que fuera una historia igual a la de Intelligenzias, pero sí tenía claro que había elementos en común.

—La conversación con Cacho —le comenté al equipo— me brindó dos ideas claves para el análisis. La primera es que la libertad creativa en un equipo debe ir acompañada por reglas de trabajo compartidas. En una banda de jazz hay pocas reglas pero se tienen que respetar a rajatabla. Son reglas de orden, coordinación y organización que permiten que esa libertad creativa tenga espacio y sume.

–A veces se percibe a las reglas y a la libertad como cosas contradictorias –dijo

Patricia–. Las reglas coartan la libertad cuando son excesivas e innecesarias, pero cuando son las necesarias y suficientes liberan al grupo de negociaciones y conflictos inútiles, que consumen mucha energía.

Me encantó lo que dijo Patricia. Asentí con la cabeza y continué.

–La segunda idea es que se requiere que los músicos sean competentes y responsables, que sepan lo que tienen que hacer. Cuanto mejor es un músico menos indicaciones hay que darle sobre cómo debe interpretar su parte. A un novato hay que ayudarlo: hay que mostrarle, paso a paso, cómo se hacen las cosas. Cuando un profesional gana experiencia, ya no es necesario darle explicaciones o hacerle indicaciones.

–Sería bueno recordar –dijo Ana Inés– la distinción que siempre hacemos entre reglas para definir cuál es la mejor manera de hacer la tarea y reglas para sincronizar y coordinar el trabajo. Cuando las personas son muy competentes no necesitan las primeras reglas, pero sí las segundas, porque necesitan organizarse y coordinarse.

–En la reunión –dijo Patricia– intentá indagar un poco más acerca del nivel de madurez de los integrantes del equipo. Quizás hay algún miembro que necesita ayuda y no la está recibiendo.

–En base a estas dos ideas –dije–, observé que hay tres escenarios posibles de conflicto.

–¿Cuáles son? –preguntó Ana Inés.

–El primero sería el de un equipo del tipo "jazz", con pocas reglas, en el que hay un integrante inmaduro al que le resulta muy difícil seguir el ritmo de los demás y tiene problemas para hacer bien su parte. Esto no quiere decir que no pueda integrar el equipo, sino que va a requerir ayuda para hacer su trabajo. Si solo hay reglas de coordinación, no es suficiente.

–De acuerdo –dijo Patricia.

–El segundo escenario –continué– es el de un equipo con uno o más integrantes maduros que trabajan en un grupo con muchas reglas. Como son profesionales de alto nivel, que saben cómo hacer su trabajo, se pueden sentir desmotivados.

–Sí, sí, tal cual –agregó Patricia.

–El tercer escenario es el de un grupo integrado en su totalidad por miembros maduros, que definieron algunas reglas de organización y de coordinación, pero hay una o más personas que no las respetan.

Continuamos conversando y finalmente estuvimos de acuerdo en que debido a la urgencia y la situación que Intelligenzias tenía con su cliente, la mejor salida era que el equipo lo integraran miembros maduros que cumplieran con unas pocas reglas de coordinación y organización.

Estacioné a media cuadra de las oficinas de Intelligenzias, y aunque usé paraguas en ese corto trayecto me mojé bastante.

Mario vestía de manera informal pero con elegancia. Usaba saco y corbata solo en las actividades que lo exigían. A la oficina iba de jeans de marca y remeras con diseños muy originales. Me saludó con alegría.

El que me llamó la atención fue Luis. Siempre fue más sobrio y clásico, pero lo noté desaliñado y con el rostro demacrado. El estrés lo estaba afectando.

Nos juntamos unos minutos en la oficina de Mario y luego fuimos con Luis a la reunión de retrospectiva.

Al entrar en la sala, el aire se cortaba con cuchillo. Observé rápidamente a los presentes. Tres eran jóvenes de veinticinco años o menos y los otros cuatro tenían más de treinta y alguno cincuenta y pico. Había solo una mujer, muy joven.

Luis abrió la reunión.

–Hola, como les anticipé, hoy nos va a acompañar Gonzalo Noya en la reunión. Varios de ustedes lo conocen por el proyecto de la petrolera. Debido a los problemas que estamos teniendo, lo llamé para que nos asesorara y me pidió participar de la reunión de retrospectiva.

–Buenas tardes a todos –dije–. Gracias por permitirme participar.

El primero en hablar fue Roberto, un ingeniero con mucha experiencia, a quien conocía de antes porque había participado de algunas reuniones en el proyecto de la petrolera.

–Hace tiempo que esta no es una verdadera reunión de retrospectiva. No trabajamos, hacemos catarsis.

Las miradas se posaron sobre mí, pero yo quería oír, no hablar.

–Adelante –dije–, hagan la reunión como la hacen siempre, yo solo quiero escuchar la opinión de ustedes acerca de lo que está pasando y cómo sugieren resolverlo. Scrum promueve que sean ustedes los que definan cómo trabajar.

–Hay cosas que no se pueden decir más –dijo Roberto–, si no vamos a terminar más peleados de lo que ya estamos.

Atiné a decir:

–Recordemos los valores que promueve Scrum. Tener el coraje para decir lo que se tenga que decir para resolver los problemas que tengamos. Respetar a sus colegas, asumiendo que son competentes. Ser abiertos y escuchar muy bien lo que los demás dicen y buscar alternativas. Poner foco y comprometernos para hacer lo que tengamos que hacer. En base a esto, les propongo que cada uno exprese su opinión y plantee sus propuestas de solución.

– Yo empiezo – dijo uno de los más jóvenes–. Me presento: soy Matías.

Lo saludé con un gesto con la cabeza.

–Los más jóvenes del equipo, Nahuel, Martina y yo, lo que sentimos es que nos están mandando a la guerra con un tenedor. Nadie nos ayuda.

–Es verdad –dijo Nahuel–. Aunque vos, Mati, te manejas mejor. Yo estoy perdido.

–Yo también –dijo Martina.

Se hizo un silencio.

–Me gustaría decir algo –dijo Roberto.

–Adelante –dije.

–Voy a ser muy duro. Pero voy a hacer honor al coraje que nos pide Scrum que tengamos.

Hizo una pausa.

–Es con respecto a Osvaldo. Quiero decirlo con el mayor respeto, porque es un ingeniero excelente. Es algo que yo ya he dicho en otras reuniones, pero Gonzalo no estaba presente.

Me miró y agregó:

–A mí me ha resultado muy difícil trabajar con Osvaldo –lo miró a él–. Lo que yo siento es que él hace la suya y que no respeta lo que coordinamos en las reuniones.

Osvaldo se preparó para responder pero me adelanté y le pregunté a Roberto:

—¿Podrías ponerme un ejemplo?

—Un ejemplo... Bueno... Por ejemplo, hace dos semanas hizo un cambio porque había un problema técnico, pero no le avisó a nadie y nosotros seguimos trabajando sin saberlo. Tuvimos que rehacer esa parte. Quizás el problema existía y era necesario corregirlo, pero si se va a hacer un cambio así, hay que avisar, conversarlo entre todos y luego volver a coordinar el trabajo.

Miré a Luis y me asintió con la cabeza.

Osvaldo lo miró con altanería, con la mandíbula hacia delante, mostrándole los dientes inferiores.

—El cambio se tenía que hacer —dijo—. Tengo años trabajando en esto. Tendrían que haberse dado cuenta solos. Se supone que son ingenieros con buen nivel. No puedo estar explicándoles todo. No son niños.

Apenas terminó Osvaldo de decir "niños" y todos empezaron a decirle de todo. Osvaldo los miraba con gesto irónico y se reía. En un momento Luis intentó poner orden, pero fracasó. Luego intenté poner orden yo, y quizás por respeto a que era un invitado, lo intentaron, pero al minuto ya estaban hablando unos encima de otros. Opté por observar y escuchar. A pesar del caos, varios de los integrantes del equipo expresaron ideas útiles sobre cómo solucionar los problemas del equipo. Tomé nota.

Finalmente cerramos la reunión agradeciendo el tiempo de todos. Salí preocupado.

Con Luis, nos dirigimos a la oficina de Mario.

—¿Y? ¿Y? —preguntó Mario—. ¿Cómo les fue? ¿Se resolvió algo? ¿Se pelearon?

Luis hizo un gesto con su cara como diciendo "lo mismo de siempre".

–Todavía no saquemos conclusiones –dije–. Las cosas están muy complicadas, sin duda, pero soy optimista.

–¡Buenísimo! –dijo Luis–. Entonces ya tenés una solución –dijo con cierta ironía.

–La solución, según lo que escuché, me parece que ya la está dando el propio equipo. Primero quiero verificar con ustedes alguna información.

Saqué mis apuntes.

–Lo primero es muy básico. Me parece que no hay problemas con las reglas en equipo. Son solo las básicas de Scrum. No hay exceso ni falta de reglas. Podríamos decir que por ahí no hay problema, ¿es así?

–Yo creo que no hay problema –dijo Luis.

–Yo también –dijo Mario.

Anoté unas pocas palabras y continué:

–Pasemos a las personas, entonces.

–Me parece bien –dijo Mario.

–El equipo está formado por ocho miembros, incluido Luis. Hay varios que parecen tener las competencias necesarias para lo que tienen que hacer, pero hay tres jóvenes, Matías, Nahuel y Martina, que todavía no las han desarrollado. ¿Esto es correcto?

–Matías tiene buen nivel –dijo Luis–. Salió a dar la cara por los otros muchachos, porque es así, tiene esa fuerza. Creo que los que no están listos son Nahuel y Martina. Necesitan ayuda.

–Nunca lograron entrar en ritmo –agregó Mario–. No completan su trabajo a tiempo, y cuando lo hacen no está bien y Luis tiene que rehacerlo.

Dejé a un lado los apuntes y dije:

–Sigamos con los demás.

–Ok –dijo Luis.

–Las reglas me dijeron que están bien definidas pero hay un problema con Osvaldo: sus compañeros dicen que no las cumple.

–Es lo que te decía el otro día –dijo Luis–. Osvaldo, el más veterano, el que tiene más trayectoria y experiencia, es el que no respeta las reglas.

–¿Y por qué no las respeta?

–Como viste recién, se cree mejor que los demás.

Hice un silencio para ver que más podían agregar. Hasta que Luis continuó:

–Obviamente problemas de capacidad no tiene. El tema es que entrega su trabajo cuando quiere.

–¿Una *prima donna*? –pregunté.

–¿Qué es una *prima donna*? –preguntó Luis.

–Es una expresión de la ópera. Es la figura principal, la voz más importante.

–Eso mismo –dijo Luis–. Este es un equipo en el que todos estamos a la par, y él se coloca en un lugar especial. Hace lo que quiere y nadie le puede decir nada.

–Es lo que vos decís ... –dijo Mario dirigiéndose a mí–. Está en actitud de divo, de *prima donna*.

–¿Da muchos problemas?

—Síííí –dijo Luis–. Vos lo acabás de presenciar. Es un capo, quizás el mejor ingeniero del equipo. Pero nos está volviendo locos... No sé cómo explicártelo... Podés ponerle tu toque personal al trabajo, pero no hacer cualquier cosa.

—¿Es la primera vez que les ocurre esto con Osvaldo?, pregunté.

—No, respondió Mario, hace tiempo que ocurre y con varios equipos. Ya lo hemos hablado con él, pero insiste que el problema no es él, son los demás.

Anoté algunas cosas y seguí.

—Volvamos a Nahuel y Martina –dije–. Lo que necesito saber es por qué los integraron a este equipo.

Luis y Mario se miraron entre sí.

—Fue una idea mía –dijo Mario–. Yo soy el responsable. Los integré porque tienen mucho potencial y quiero que vayan adquiriendo experiencia.

—Perdoná, Mario, que te diga esto –dije–. Pero no fue una buena idea incorporarlos a ese equipo cuando no estaban listos.

—¿Por qué no?

—Comparto tu idea de que es necesario foguear a las personas sin experiencia integrándolos a proyectos desafiantes y acompañados de profesionales con más experiencia.

—Esa fue mi intención –dijo Mario.

—Pero se hace de manera incremental. Por lo que me han estado diciendo, el proyecto que coordina Luis es complejo, demandante, con un cliente exigente, no hay tiempo y las personas con más experiencia no los pueden apoyar porque ellos mismos están con mucha presión para hacer sus propias tareas.

—Es así. Tal cual.

–De futuro, mi consejo es que no los apuren. Está bueno integrarlos a proyectos desafiantes, porque eso les exige desarrollar nuevas capacidades. Si lo logran, se van a sentir muy motivados y se puede subir una vez más la vara la próxima vez. Pero si de primera los ponés a trabajar en un proyecto de alta exigencia, sin soporte y sin margen para cometer errores, es muy probable que no anden bien, y que además se frustren.

–A ver si entiendo –dijo Luis–. Es como si a un jugador de fútbol joven, lo subís a primera y en su debut lo ponés de titular en una final de campeonato a patear un penal decisivo. ¿Te referís a eso?

Asentí con la cabeza.

–A veces aparece un Pelé, que tenía 17 años cuando jugó el Mundial de Suecia de 1958. Pero es un caso excepcional. No es lo común.

–Tenés razón, Gonza –dijo Mario–. Tendría que haber ido graduando ese proceso. Ir llevándolos de a poco.

–Me faltó preguntar algo –dije–. ¿Cuál es la situación actual con el cliente?

–Muy crítica –dijo Mario–. Si no damos señales claras y de forma rápida los perdemos. No podemos demorar más de en una semana o diez días.

–Bueno… –dije pensativo.

Miré hacia abajo durante unos segundos.

–Una pregunta más –dije–… ¿Hay otro equipo en problemas en la empresa?

–Bueno, en todos hay problemas –dijo Mario–. Pero este equipo es el que más nos preocupa.

Luis entrecerró los ojos y le dijo a Mario:

–El que coordina Ángel…

Mario asintió.

–Sí, pero es un proyecto más sencillo. Ese se va a arreglar. No me inquieta tanto. ¿Por qué preguntas eso, Gonzalo?

–Quería ampliar el contexto de opciones.

Se miraron entre los dos y asintieron.

–Es un equipo con cinco miembros, y los cinco tienen mucha experiencia.

–¿Y qué les pasa?

–Creo que el proyecto lo hacen de taquito –dijo Mario–, y entonces lo que están haciendo es darle demasiadas vueltas. Todos opinan, tienen teorías y no programan.

–Eso me gusta –dije.

Luis sonrió por primera vez en la reunión.

–¿Te gusta?

–Dejalo hablar –le dijo Mario a Luis–. ¿Qué se te ocurrió? –me preguntó.

–Hacer lo que propuso el propio equipo en la reunión de retrospectiva.

–¿Qué dijo el equipo? –preguntó Luis.

–El equipo señaló claramente dos problemas: uno son los jóvenes que no pueden seguir el ritmo. Si a esto le sumamos que el cliente está molesto y presionando, puede ser peor todavía. Podemos hacerles daño. Y el otro problema es Osvaldo. Lo que hay que resolver es la situación de estas tres personas.

Luis movió la cabeza a los lados y finalmente dijo:

–Y si... Creo que sí.

–Podríamos implementar una solución que no sería complicada, traumática ni costosa –dije.

–Las tres cosas me gustan –dijo Mario bromeando–. Sobre todo la última.

–¿Cómo sería? –dijo Luis con impaciencia.

–¿Cambios entre los equipos? –preguntó Mario.

Asentí con la cabeza.

–¿Es posible pasar dos o tres personas experientes del equipo de Ángel para el equipo de Luis? –miré en dirección de Mario.

Mario lo pensó. Primero asintió con la cabeza y luego dijo:

–Creo que sí.

–¿Y qué hacemos con Martina y Nahuel y con Osvaldo? –preguntó Luis.

–Lo que vi de Osvaldo –dije– no me gustó nada. Su actitud no es la de un buen jugador de equipo. Tiene muy mala relación con casi todo el equipo. Tengo confianza con ustedes como para decirles que hay que sacarlo del equipo y además hacerlo rápido.

–Sí, por favor –dijo Luis y sonrió–. No lo aguanto más.

–Ok –dijo resignado Mario–. ¿Pero qué hago con él?

–Hace tiempo que Osvaldo da problemas –le dijo Luis a Mario–. Lo hemos bancado por su gran talento. Pero al final... ¿Vos qué harías, Gonzalo?

–Les puedo decir algo en general, porque no conozco a fondo el caso. Lo mejor siempre es hablar primero y darle una oportunidad de corregir su comportamiento. Siempre hay que apostar a que las personas pueden cambiar y mejorar. Pero si ya han hablado con él varias veces y sienten que no va a cambiar, no hay otra opción que desvincularlo. Alguien que piensa que es la estrella y no acepta las reglas, pocas o muchas, entonces no tiene lugar en ningún equipo.

Miré a Mario y estaba ensimismado, y su rostro estaba inexpresivo. Pasaron unos segundos.

–De acuerdo –dijo Mario y exhaló aire por la boca y la nariz–. Ya hablamos con él varias veces y nada ha cambiado. Yo me hago cargo de ese tema.

–¿Y qué hacemos con Nahuel y Martina? – preguntó Luis ansioso.

Demoré en contestar. Mario seguía inmerso en sus pensamientos, mirando un punto fijo en la pared.

–¿Mario? –le dije.

Sacudió su cabeza.

–Perdón, perdón –dijo.

–Lo de ellos creo que se puede resolver más fácil.

–¿Cómo? –preguntó Luis.

–Si el proyecto que coordina Ángel es más accesible, quizás es más adecuado para ellos. Les podría servir para adquirir experiencia. Si es posible, yo los pasaría a ese equipo. Dejaría a Ángel para no afectar la continuidad de ese proyecto. Quedaría además otra persona con experiencia. Quizás se podría dejar a alguien a quien le guste enseñar y apoyar a los más jóvenes.

–Es una buena idea –dijo Mario.

–Creo que es lo más sano para el equipo de Luis y para ellos. Y seguramente Nahuel y Martina te lo van a agradecer porque no lo deben estar pasando bien.

–Matamos dos pájaros de un tiro –dijo Mario–. O, mejor dicho, arreglamos dos equipos al precio de uno.

De reojo observé que Luis le hacía un gesto de asentimiento a Mario.

–¿Estás de acuerdo? –le preguntó Mario a Luis.

–Síííí –le respondió entusiasmado.

–Yo hablo con Ángel –dijo Mario– y luego con los tres ingenieros que necesitás. Yo creo que Ángel se va a sentir aliviado también, porque tiene un equipo que no está muy motivado. Hay muchos caciques y pocos indios.

Percibí que se estaba creando un clima de cierre de la reunión y dije:

–Hay una cosa más para ajustar.

–¿Solo una cosa? –bromeó Mario.

–Es un ajuste importante con respecto a las reglas y a la planificación–dije–. En el equipo de Luis parece que no hay que hacer ajustes en este aspecto. Quizás podrían dedicar unos minutos en la próxima reunión para revalidar las reglas actuales con los *seniors* que se incorporan.

–Sí, sí, eso lo vamos a tener que hacer –dijo Luis.

–Donde sí va a ser necesario hacer ajustes es en el equipo de Ángel –agregué–. Al poner personas con menos experiencia, va a ser necesario ampliar la planificación y definir reglas de trabajo un poco más detalladas. Esto se aplica sobre todo a Martina y Nahuel. Ellos necesitan más guía, saber mejor qué tienen que hacer y cómo lo tienen que hacer. Además, repito que es importante que los ayuden, que les asignen algún coach o mentor.

Nuevamente se creó un clima de cierre.

–¿Te queda algo más? –me preguntó Mario.

–Nada más. Listo.

–Buenísimo, Gonza. Muchas gracias –dijo Luis con una expresión de alivio.

Mario me agradeció y me saludó con un abrazo. Recogí mi paraguas y tomé coraje para hacerle frente a la lluvia.

Mientras conducía por la rambla, salió el sol. Pero seguía lloviendo. Detuve el auto, salí a la calle, me protegí con el paraguas, y durante unos minutos contemplé maravillado los colores de un arcoíris sobre el Río de la Plata.

Al llegar a mi oficina, abrí la computadora y escribí las siguientes reflexiones:

- *Las **reglas** de **funcionamiento** para **trabajar** juntos dependen de la **madurez** y **experiencia** de las personas que forman el **equipo**.*
- ***Personas** con mucha **experiencia** precisan menos **reglas**, solo aquellas necesarias para **coordinar** el **trabajo**.*
- *Es **peligroso** asumir que las **personas** con poca **experiencia** pueden **funcionar** en un **equipo** con **reglas** diseñadas para equipos maduros.*
- *Las **reglas** para mantenernos **sincronizados** y **coordinados** deben ser las mínimas posibles y todos las deben **cumplir**.*
- *El **cumplimiento** individual de las **reglas** acordadas muestra el nivel de **compromiso** entre los miembros del equipo.*
- *"El **compromiso** individual con un **esfuerzo colectivo** es lo que hace que un **equipo**, una empresa o una sociedad **funcione**".*

Vince Lombardi

Capítulo 10

Unos meses después…

Me bajé del auto y caminé apurado para no llegar tarde a la reunión con el equipo de X^n. Una hora antes me había reunido con Luis y Mario, de Intelligenzias. La conversación se extendió más de lo esperado y me dejó con poco margen de tiempo.

En la sala ya estaban Patricia y Ana Inés. Rafael estaba en la puerta hablando por teléfono.

—Tengo noticias frescas de Intelligenzias —le comenté a Patricia y Ana Inés.

En ese momento entró Rafael.

Me serví un café y un vaso de agua. Conecté mi *notebook* a un proyector.

—La idea de la reunión de hoy —dije— es hacer una puesta a punto de los tres casos sobre equipos con los que trabajamos últimamente.

—¿Los equipos musicales? —bromeó Ana Inés.

—Eso mismo —dije—. El equipo de jazz, el clásico y el roquero.

Patricia se apoyó sobre la mesa y me preguntó:

—¿Y? ¿Cómo van?

—No ha sido fácil, como ya saben —dije—, pero van bien. ¿Por cuál quieren empezar?

—El primero fue el de rock, ¿no? —preguntó Rafael.

—Bien, entonces comencemos con Audio LY. Un segundo…

Abrí una carpeta en mi *notebook*, en la que había guardado una breve presentación

–De los tres casos, este es el que está más atrasado. En parte se explica por la falta de "urgencia". En los otros dos la urgencia vino de afuera: se encontraban en situación de crisis y si no actuaban de inmediato iban a sufrir graves perjuicios.

–¿Pero avanzaron algo? –preguntó Ana Inés.

–Sí, sí. Les tomó dos o tres meses definir un paquete de objetivos muy concretos sobre el proyecto de internacionalización pero ya se pusieron a trabajar. Tienen una actividad muy importante en el exterior dentro de dos meses y si no lo hacen bien van a tener problemas con algunos clientes importantes y seguramente no van a permitir que eso ocurra. Si bien hay que esperar para evaluar si funcionó el "sentido de urgencia" y si avanzaron o no, soy optimista. Los vi muy preocupados por todo lo que tienen que hacer para realizar esa actividad, e incluso ya han surgido algunos conflictos. Estas son las señales que buscábamos pues si no pasa eso, ¡no hay urgencia!

–Bien –dijo Ana Inés–. Estamos hablando de conflicto "sano", de esos choques que hacen que el equipo mejore y se una más, ¿no?

–Sí, claro –dije–. A eso me refiero. De este caso extraje tres conclusiones que me gustaría compartir con ustedes. Se las voy a mostrar vinculadas al modelo de desarrollo de equipos, así reforzamos algunos conceptos. Se podrían decir más cosas, pero creo que esto es lo esencial.

–¿Cuáles son? –preguntó Patricia.

–Se las muestro en la pantalla.

En la pantalla decía:

AUDIO UY (rock)

1.1-Cuerda "Valores compartidos"

No importa qué tan bueno seas técnicamente. La actitud de jugar en equipo es indispensable.

- *2- Cuerda "Personas competentes y complementarias"*

  Se deben aprovechar las fortalezas de cada uno e ir construyendo la próxima generación de profesionales.

- *3- Cuerda "Un gran desafío"*

  Los objetivos que unen son los que implican trabajo conjunto y tienen un sentido de urgencia real.

Luego continué hablando:

–El segundo caso fue el de la constructora alemana... Schultz ejecutó rápidamente las decisiones y la empresa logró salvar el proyecto, pero no sin dolores de cabeza. Bitter no se fue sin pelearla y además hubo algunos problemas con un gerente en Múnich que fue quien lo recomendó. Finalmente lo resolvieron. Schultz negoció con la empresa argentina en la que el anterior director estaba trabajando y gracias a la buena relación entre ambas empresas, logró recontratarlo. Pero hubo sobrecostos. Más allá de todo eso, lo importante es que encauzaron el proyecto, la obra va bien y el cliente reconoce que ha mejorado sustancialmente.

–Qué bueno –dijo Rafael–. ¿Y el amigo Pálido Rodríguez? –dijo bromeando.

–Lo que sé es que no está más en la obra. Pero no sé qué pasó con él.

–¿Qué conclusiones anotaste de este caso? –preguntó Ana Inés.

–Esta vez son cuatro. Se las despliego en pantalla.

SPC Tec (clásico)

1– Concepto general sobre el modelo

Los equipos tienen una dimensión emocional que tiene que ser desarrollada.

2– Las tres cuerdas emocionales

Para desarrollarlas se necesita liderazgo.

La persona que tiene la más alta autoridad (el jefe) es determinante para que lo anterior ocurra. Lo habilita o lo bloquea.

La competencia que se dedica a crear esta dimensión es la del liderazgo. Se precisa liderazgo no solo en el jefe, sino en todos los miembros del equipo.

Los pálidos son figuras que consumen esta energía emocional.

–No entendí bien el primer punto –dijo Rafael–. A qué te referís con "concepto general sobre el modelo"?

–Lo que quise resaltar es que muchas veces solo se trabaja sobre lo racional y se olvida lo emocional.

Me serví otro café. Busqué el último caso, el de Intelligenzias.

–El último es el equipo de jazz.

–El otro día vi a Luis y estaba rozagante –dijo Patricia–. Hace unos meses parecía un muerto viviente.

–Ese caso anduvo bárbaro –dije–. Se ejecutó tal cual lo conversamos con Luis y Mario. Hicieron el enroque de profesionales entre equipos y en pocos días el equipo de Luis volvió a trabajar y ahora está encaminado. Recién estuve reunido con ellos y me contaron que además el equipo de Ángel mejoró sustancialmente.

–Qué bueno –dijo Ana Inés.

–Lo que fue duro fue el despido de Osvaldo.

–¿Quién es Osvaldo? –preguntó Ana Inés.

–Es la *prima donna* que daba problemas en el equipo de Luis. Mario lo vivió mal.

–¿Por qué? –preguntó Patricia–. A esta altura de su carrera ejecutiva, Mario sabe que es necesario despedir a las personas que perjudican a un equipo. Es parte del trabajo de un verdadero líder.

–Pero Pati –dijo Ana Inés–, por más años que tengas, ejecutar un despido siempre duele.

–Eso es verdad –dijo Patricia–. A mí también me sigue doliendo cuando lo tengo que hacer…

–Fue por otra cosa –dije–. A Mario lo vi mal cuando hablamos del tema pero no me di cuenta por qué. Luego me enteré de que Osvaldo es un viejo amigo de él, hicieron toda la carrera de ingeniería juntos. No fue un despido normal. Llegaron a un acuerdo para que la salida no fuera tan dura pero igual fue muy difícil para él.

–Ah, bueno. Si es así es muy embromado –dijo Patricia.

Señalé hacia la pantalla.

–Les proyecto mis conclusiones sobre este caso.

Intelligenzias (jazz)

1 – Cuerda "Reglas de Funcionamiento"

> *La madurez técnica de los miembros de los equipos determina en gran medida las reglas y metodologías que se deben aplicar.*
>
> *A mayor madurez, menos reglas. Las reglas pasan a tener solo un foco en la coordinación y no en la forma en la que se hace la tarea.*

A menor madurez, más reglas. Las reglas de coordinación siguen siendo necesarias, pero hay que agregar reglas sobre cómo hacer la tarea.

2 – Cuerda "Personas competentes y complementarias"

Es importante desarrollar a las personas con asignaciones desafiantes, pero se debe tener cuidado y hacerlo en forma progresiva.

3 – Cuerda "Confianza"

Si hay un miembro del equipo, por mejor que sea técnicamente, que se cree una "prima donna" y no está dispuesto a cambiar, tenemos que actuar porque nos arriesgamos a destruir la confianza.

–Este material está muy bueno, Gonzalo –dijo Ana Inés–. ¿Me podrás mandar una copia?

–Comparto lo que dice Ana Inés –dijo Patricia–. Esta información es muy útil para enriquecer nuestro modelo. Yo me hago cargo de integrarlo. Estaría bueno además compartirlo con el resto de X^n.

–Genial –dije–. Les envío por mail los archivos.

Me puse la mano dentro del bolsillo del saco y dije con picardía:

–Antes de que se vayan...

Sonrieron y me miraron intrigados.

–Ayer me llamó Cacho, el músico de jazz. Me avisó que el viernes toca su banda, Red Kings, y que van a ir como invitados especiales Leonel, el guitarrista de rock, y Mary, la violonchelista.

–¡Qué bueno! –dijo Ana Inés.

–Al final la banda va a tocar uno o dos temas con Leonel, luego uno o dos con Mary, y por último un tema con los dos. ¡Capaz que yo toco un rato la guitarra también! Me envió de regalo dos entradas.

–Uy, ¡qué suerte que tenés! –bromeó Patricia.

Saqué la mano del bolsillo y puse seis entradas sobre la mesa.

–Son para ustedes. Nos merecemos un festejo... ¡Yo invito!

Segunda Parte

Modelo de desarrollo de equipos

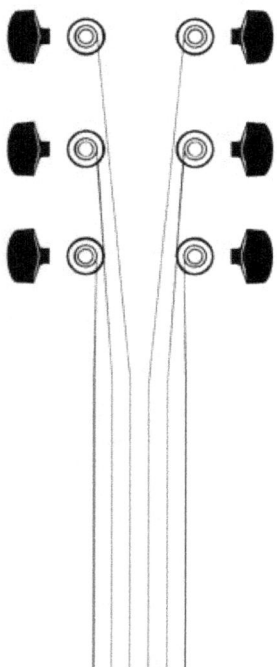

Capítulo 11

¿Cómo se "afina" un equipo?

¿Qué clase de equipos logra lo imposible? ¿Qué es un equipo de alto desempeño?

Aclaremos primero lo que no es un equipo de alto desempeño.

Un equipo de alto desempeño no es un conjunto de personas que se aprecian y son solidarias unas con otras. Eso no alcanza. En un equipo de alto desempeño hay un balance entre solidaridad y responsabilidad. Si bien existe solidaridad, cada miembro del equipo se hace cargo de su rol en forma efectiva y eficiente. Esto en el deporte se ve con claridad. Un equipo de fútbol necesita un excelente arquero y excelentes defensas, mediocampistas y delanteros. La capacidad del equipo está determinada por la capacidad de sus individuos. Lo que en el deporte se ve claro, en algunas organizaciones no se ve tan claro. Muchas veces ser buena persona y ayudar a otros parece ser suficiente para ingresar en el equipo titular... No son estos los equipos a los que nos estamos refiriendo.

Un equipo de alto desempeño tampoco es un grupo de personas donde cada uno tiene claramente definido su rol y donde existen grandes individualidades que ejercen su cargo con responsabilidad y eficiencia pero donde la colaboración es casi nula. En estos grupos, su capacidad está limitada por la suma de las capacidades individuales, en el mejor de los casos.

Cuando hablamos de equipos de alto desempeño, hablamos de equipos donde además de la capacidad individual, hay colaboración. Quizá la capacidad individual no es la de una súper estrella, pero gracias a la colaboración, los resultados son superiores. Como dijera Herb Brooks, entrenador de hockey sobre hielo, medalla de oro en los Juegos Olímpicos de 1980: "No busco a los mejores jugadores, busco a los correctos".

En estos equipos la capacidad del equipo es mayor a la suma de las partes, ¡mucho mayor! Cada integrante aporta su fortaleza distintiva. Quizás ningún miembro es excelente en todo pero las debilidades individuales son cubiertas por las fortalezas del colectivo. Múltiples estudios han demostrado que la capacidad de colaborar es más poderosa que la superioridad individual.

Identificar a un equipo de alto desempeño es relativamente simple. En primer lugar, entregan resultados claramente superiores a los de otros grupos similares. En segundo lugar, sus integrantes expresan su orgullo por ser parte del equipo y colaborar con sus colegas.

Con frecuencia escuchamos "¡es muy importante trabajar en equipo!", pero lamentablemente, en la realidad, no vemos muchos de estos equipos.

Patrick Lencioni comienza así su libro *The five disfunctions of a Team*: *"No son las finanzas, ni la estrategia, ni la tecnología. Es el trabajo en equipo la ventaja competitiva principal por su poder y porque rara vez se consigue generar"*.

Construir un equipo de alto desempeño no es nada simple, no ocurre espontáneamente. Es necesario dedicarle tiempo y, además, tomar decisiones. ¡No se forman solo por "casualidad" o "suerte"!

Muchos se preguntarán ¿y cómo se construye un equipo así?

En X^n elaboramos un modelo propio de desarrollo de equipos. Lo construimos tomando como base la experiencia que hemos acumulado durante muchos años en los que hemos trabajado con cientos de equipos. A esta experiencia le sumamos e integramos el estudio que nuestro equipo de desarrollo realizó de las más importantes investigaciones publicadas sobre el tema. Utilizamos como metáfora una guitarra y sus seis cuerdas. La guitarra es el equipo. Las cuerdas son los factores o elementos de un equipo que al "afinarlos" nos permiten que la guitarra (equipo) brinde su mejor sonido (desempeño y resultados).

Las primeras tres cuerdas refieren a aspectos racionales.

-Un gran desafío. ¿Qué tenemos que lograr juntos?

-Personas competentes y complementarias. ¿Quiénes integran el equipo?

-Reglas de funcionamiento. ¿Cómo trabajamos juntos?

Cuando estas tres cuerdas están "afinadas" se produce lo que llamamos la conexión racional. Esta conexión permite trabajar en forma eficaz y eficiente.

Pero con estas tres cuerdas no es suficiente. Un equipo también tiene una dimensión emocional que se puede afinar. Las primeras tres cuerdas nos aseguran el "cumplimiento". Pero las tres cuerdas, que llamaremos emocionales, nos permiten lograr el "compromiso". Estas tres cuerdas son:

- Un propósito común. ¿Para qué lo hacemos?

- Valores compartidos. ¿Cómo lo hacemos?

- Confianza. ¿Confiamos en nuestros colegas lo suficiente como para renunciar al "Yo" por el "Nosotros"?

Al igual que en una guitarra, estas seis cuerdas no son independientes. Por ejemplo, mismas reglas de funcionamiento un equipo integrado por miembros con mucha experiencia que las que necesita un equipo integrado por personas en su primera asignación laboral. Lo mismo ocurre con el desafío: el equipo que se necesita para construir un edificio no es el mismo que se necesita para construir una barbacoa en el fondo de una casa. Cada cuerda tiene relación con las demás.

No es lo mismo una guitarra afinada por un aficionado que una guitarra afinada por un músico con conocimientos de teoría musical y años de experiencia. El equivalente en equipos al "oído desarrollado" y "saber sobre música" son las habilidades de liderazgo y gestión.

En los siguientes capítulos detallaremos más cada uno de estos aspectos.

En el capítulo 20 presentamos una guía para la construcción, desarrollo y ajuste de un equipo.

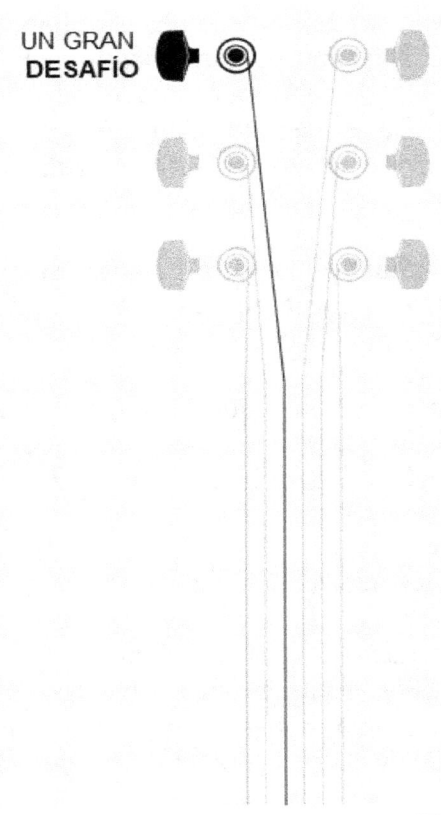

Capítulo 12

Un gran desafío

"Para hacer cosas chicas todos podemos mover un poquito de energía y hacerlas... Pero así no se construye un cambio profundo", dice Raúl López Barrera en su libro *No hay edad para soñar en grande*.

Un equipo de alto desempeño siempre se plantea grandes desafíos, se propone hacer algo grande. No se queda en la zona de confort. Asume riesgos.

Cuando hablamos de un gran desafío hablamos de algo difícil de lograr.

Las personas se juntan, trabajan en equipo, para lograr algo más grande de lo que podrían lograr de forma individual. Un equipo de alto desempeño es aquel que logra resultados superiores y, por lo tanto, lo primero que debería plantearse son objetivos superiores. Si un equipo se propone objetivos mediocres será un equipo mediocre.

La primera cuerda a afinar en nuestra guitarra, el primer paso necesario para convertirse en un equipo de alto desempeño, es soñar en grande. Lo más grande que el equipo se atreva a soñar.

En el deporte hay organizaciones que "inventan" campeonatos, ligas, copas, mundiales. Los equipos que participan deben prepararse, entrenar, mejorar para finalmente competir e intentar llegar lo más lejos posible.

En los grupos musicales ocurre algo parecido. A veces compiten en concursos o festivales, pero también hay otros caminos. Muchos grupos comenzaron tocando para sus amigos, luego en bares o restoranes, en fiestas particulares, y luego se propusieron metas más ambiciosas, como grabar un disco, tocar en teatros, y más tarde llenar estadios y hacer largas giras por todo el mundo.

En las empresas debería ocurrir algo parecido, pero no siempre es así. Lo que vemos con más frecuencia son equipos de trabajo que operan de forma rutinaria. Tienen alguna ventaja competitiva temporal y se conforman con eso. En el mundo actual, donde todo cambia a alta velocidad, actuar de esa manera es la antesala de una crisis.

Una de las recomendaciones que les damos a los equipos empresariales es que "se inventen su campeonato", que definan nuevos objetivos, y una vez logrados, se planteen objetivos más altos. Que se propongan a sí mismos un gran desafío. Además de estirar las capacidades, trabajar para conquistar un gran desafío activa una fuerza, una energía que, al mismo tiempo, integra y entusiasma.

Por eso, una de las preguntas más importantes que todo equipo debe responder con claridad y profundidad es: ¿Qué nos proponemos lograr? Y debe asegurarse que la respuesta a esta pregunta signifique lo mismo para todos los miembros e implique colaborar para desplegar un desempeño superior.

Actitud positiva

Como condición necesaria para un gran desafío, necesitamos personas con actitud positiva porque, en primer lugar, los miembros del equipo deben tener la convicción de que pueden lograrlo. Como dice Baliño en *No más Pálidas. Cuatro actitudes para el éxito*, la actitud positiva es la actitud de imaginar un futuro significativamente mejor, convencido de que se puede lograr. Las cosas pasan dos veces: primero en la mente, después en la realidad.

A lo largo de mi carrera en organizaciones me he encontrado con muchas personas que carecían de esta actitud. Su lenguaje oral, escrito, no verbal, lo que mostraba era escepticismo. Su humor (cuando lo tenían) no era fresco, sino irónico y sarcástico.

Mostraban un gran ingenio para encontrar un problema para cada solución. Baliño los define como "pálidos esféricos". Es muy difícil trabajar con personas con ese estado mental. La energía emocional que demandan de los demás es enorme. En el caso de la empresa constructora alemana de la Primera Parte, el personaje de Rodríguez, el responsable de compras, era un ejemplo de este tipo de personas. Estos personajes consumen la energía de los que los rodean, los agotan. Si pensamos con quiénes nos gustaría trabajar, creo que la gran mayoría preferiría hacerlo con quienes nos contagian su energía, no con quienes nos la quitan.

Metas

Un gran desafío une al equipo. Más aún, lo fusiona, porque lo convierte en algo que está más allá de los individuos.

Los equipos de fútbol se plantean metas colectivas. Unos aspiran a ser campeones. Otros a clasificar a una copa internacional, otros a no descender de división. Siempre hay una meta.

Cuando la meta se logra, el equipo festeja. Lo hacen los jugadores y también el cuerpo técnico, el utilero, el médico y el masajista. Cuando no se logra, hay frustración, insatisfacción.

En las empresas, los equipos también se plantean metas a lograr. Pero lamentablemente no siempre son colectivas. Muchas veces un individuo festeja porque hizo bien su parte, pero en realidad el equipo perdió. En los equipos de alto desempeño sus integrantes festejan cuando el equipo gana y se sienten insatisfechos cuando pierde.

Colectivas y claras

Definir o formular correctamente una meta no es una tarea sencilla. Por ejemplo, si alguien tiene sobrepeso y se dice a sí mismo: "Tengo que adelgazar", el objetivo concreto a lograr no queda claro. En una empresa, la meta "Aumentar las ventas" dice muy poco.

Hay distintas técnicas para definir bien una meta. A una de ellas se la conoce como SMART en inglés. Cada letra representa las palabras *Specific, Measurable, Achievable, Relevant y Time Related*. Una versión en español es: e**S**pecífica, **M**edible, **A**lcanzable, **R**elevante y en un **T**iempo definido.

Por ejemplo, una meta de adelgazamiento bien definida sería: Hoy peso 70 kilos, y quiero bajar 8 kilos (específica y medible), en un plazo de 4 meses (plazo definido y alcanzable: si el plazo fuera dos días, no sería posible), porque quiero mejorar mi salud (relevante).

Existen otras técnicas. Un ejemplo es *Objectives and Key Results* (OKR), que es un popular sistema de definición, comunicación y monitoreo de objetivos y resultados en las organizaciones. Permite conectar los objetivos (*Objectives*) de la empresa con los resultados claves (*Key Results*) que se proponen entregar los equipos y los individuos. Se definen resultados progresivos para que todos avancen en la misma dirección. Primero se definen los objetivos generales. Periódicamente cada equipo responde a la pregunta: ¿Cuáles serían los resultados a lograr por este equipo en el próximo trimestre tomando como base la información de la que disponemos hoy? Cada equipo propone su propio *Key Result*, se valida que esté alineado con el objetivo general y finalmente se convierte en el resultado a lograr que regirá en el próximo trimestre. Cuando finaliza el trimestre se repite este proceso. Esta metodología se aplica en entornos con mucha innovación, donde el resultado a lograr es difícil de predecir y por eso se va construyendo en ciclos periódicos.

Independientemente de la técnica utilizada, las metas deben estar bien construidas y redactadas, pero más importante aún es que *estén claras y que sean acordadas por todos*. Esto parece trivial, pero a veces nos encontramos con equipos que no tienen claro cuáles son las metas a lograr por el equipo. Tienen claras sus metas individuales, trabajan mucho para lograrlas, pero no tienen claro el desafío colectivo. Lo primero y fundamental es que todos los miembros conozcan y entiendan las metas del equipo. Que puedan responder la pregunta: ¿Qué significa ganar como equipo?

Algunas organizaciones piensan que las metas están claras porque cuentan con complejos cuadros de mando, en los que se gestionan muchas variables y datos. Si bien el cuadro de mando es una herramienta muy poderosa, muchas veces no es suficiente para fusionar al equipo.

Cuadro de mando

Un cuadro de mando permite observar muchos indicadores que dan información sobre diversos aspectos de la organización. Algunas organizaciones lo instrumentan en una planilla de cálculo, otras utilizan complejos sistemas de tecnología. Más allá de la herramienta, lo importante es su uso efectivo: *todos los miembros del equipo deben conocerlo y debe permitir la revisión del estado de la organización para la toma de decisiones.*

Un cuadro de mando es balanceado (Balanced Scorecard) cuando incluye indicadores que incorporan todos los puntos de vista de la organización. Por ejemplo, indicadores sobre salud financiera, crecimiento, satisfacción de los clientes, eficiencia y eficacia de los procesos, clima organizacional, entre otros.

El solo hecho de tener un cuadro de mando balanceado no alcanza para unir las fuerzas de todos los miembros del equipo y que estos estén dispuestos a sacrificar su posición o los indicadores de su propio rol para lograr un bien común. Dado el contexto y los resultados del equipo, no todos los indicadores requieren la misma atención en forma simultánea. En el fútbol, por ejemplo, hay diferentes indicadores como el porcentaje de posesión del balón, los kilómetros recorridos por cada jugador o los pases acertados o errados, entre otros. Estos indicadores son de mucha utilidad y es bueno tenerlos en un cuadro de mando. Pero cuando se está jugando un partido los datos más importantes son los goles que hizo mi equipo, los que hizo mi rival y el tiempo de juego. Estos tres indicadores son los que generan presión, los que el equipo debe seguir de cerca durante los 90 minutos de partido, y son los más importantes para la toma de decisiones.

¿Ganamos o perdimos?

Además del cuadro de mando, todo equipo debería tener unos pocos indicadores claves para el próximo período (extraídos del mismo cuadro de mando).

Deberían responder a la pregunta: ¿Cuáles son las 2 o 3 metas colectivas para el próximo período corto?

Recuerdo el caso de un ejecutivo de finanzas que decidió mejorar la rentabilidad para los accionistas y ordenó reducir sus costos a un equipo de la empresa para alcanzar los buenos niveles de rentabilidad que había logrado en años anteriores. No tuvo en cuenta que ese equipo estaba teniendo problemas puntuales con un cliente y esa era la razón por la que estaba incurriendo en mayores gastos. La reducción de costos empeoró el servicio que recibía ese cliente, este se enojó y decidió no trabajar más con la empresa. El ejecutivo de finanzas confundió cumplir bien con su rol, de forma responsable, con hacer lo mejor para la empresa. Su obsesión por mejorar sus indicadores individuales hizo que la empresa perdiera un cliente.

Los indicadores del próximo período deberían mostrar con claridad –a todos– si se está cerca o lejos de ganar y generar la presión que se necesita. Según cómo se esté desarrollando el partido, se pueden realizar ajustes. Por ejemplo, decidir que un jugador salga de su puesto para ayudar a otros.

Otra buena pregunta para elegir los indicadores del próximo partido es:

"¿Qué pasa si no lo logramos?". Si no pasa nada, entonces no tiene sentido de urgencia y ese indicador corre el riesgo de no ser tenido en cuenta. En el caso de AudioUY, por ejemplo, el equipo ejecutivo definió la meta de internacionalización y la incluyó dentro de su cuadro de mando. Pero como otras actividades de la organización eran más importantes y requerían de la atención de los ejecutivos de AudioUY, el proyecto de internacionalización siempre pasaba a un segundo plano. Era más un deseo que un objetivo, porque el incumplimiento de las metas no generaba consecuencias para nadie. Los verdaderos indicadores del "próximo partido" eran otros. Le recomendamos a Audio UY que definiera una meta a corto plazo bien clara, que podía ser menos ambiciosa pero debía ser realista, concreta, con responsabilidades claras, con verdadero sentido de urgencia. y lo más importante, que si no se lograba tenía consecuencias negativas para el equipo ejecutivo.

Los cuadros de mando, cuando están balanceados, permiten monitorear los indicadores y que el equipo detecte desvíos, defina acciones y se enfoque en algunos puntos críticos. Si una organización tiene problemas en su salud financiera, en el siguiente período los indicadores de ajuste de costos deben ser considerados prioritarios. Si aumentaron las quejas de clientes, se les debería dar prioridad a los indicadores de satisfacción. El objetivo es cumplir con todos los indicadores del cuadro de mando pero en el próximo período puede ser necesario que el equipo priorice un determinado indicador clave. Todas las personas del equipo deberían saberlo y actuar alineados.

El cuadro de mando es balanceado en el mediano y largo plazo, pero en el corto plazo no lo es, porque el monitoreo permanente permite corregir desbalances y priorizar puntualmente un cierto indicador.

¿Colectivas o individuales?

Cuando le preguntamos a los equipos si tienen metas, en su gran mayoría nos responden que sí. Pero en muchos casos lo que tienen son metas individuales que han sido integradas de alguna forma, por ejemplo en una planilla. Cada uno mira lo suyo. Es muy poca la dependencia entre las personas. Obviamente esto no fusiona a las personas en un equipo.

Cuando hablamos de metas colectivas hablamos de aquellas que todos *sienten que tienen que lograr juntos*. El hecho de que sean colectivas no quiere decir que todos tienen la misma responsabilidad con todos los indicadores. Por ejemplo, en el fútbol, la meta colectiva es ganar el partido. Para lograrlo, es necesario hacer más goles que el rival. Todos los jugadores tienen que atacar y defender, pero los delanteros y los mediocampistas de creación tienen mayor responsabilidad de hacer goles, y el arquero, los defensas y los mediocampistas de marca, de evitarlos. Al final del partido, lo que importa es el resultado. Si el equipo ganó, ganaron todos. Y si perdió, perdieron todos.

Para fusionar un equipo es necesario descubrir el conjunto de indicadores colectivos que definen *si todo el equipo gana o todo el equipo pierde* y que todos los conozcan y los entiendan. Aunque importan los indicadores individuales, el conjunto de indicadores colectivos debería ser el más importante para todos.

Cocinados a presión

En 1996 en Uruguay se aprobó una ley para la creación de administradoras de fondos previsionales. La empresa en la que yo trabajaba en ese momento ganó un contrato cuyo objetivo era la puesta en funcionamiento de una compleja solución tecnológica en tan solo tres meses. Si no se cumplía con lo acordado, había multas millonarias y un riesgo enorme de daño de imagen pública.

Se conformó un equipo de más de cien personas. De forma periódica monitoreábamos las finanzas del proyecto, el clima laboral, entre otros indicadores, pero el más crítico era el tiempo. Todos los días nos preguntábamos: ¿Cuánto avanzamos? ¿Cuánto nos falta? ¿Qué tenemos que hacer para llegar a tiempo? Como el tiempo era escaso, en esos tres meses los miembros del equipo dormimos pocas horas y trabajamos durante los fines de semana y feriados.

Además, compramos algunos servicios a terceros y pagamos un precio alto por la urgencia. Es probable que no fuera la mejor decisión financiera, pero era la mejor decisión para el equipo, porque el indicador clave era llegar a tiempo.

Finalmente lo logramos. Fue uno de los trabajos más duros en mi carrera, pero al mismo tiempo fue una de las experiencias más ricas que viví. Fui parte de un equipo formidable que logró un objetivo que al inicio parecía imposible.

Esa experiencia me dejó una gran lección y es que los equipos necesitan metas realmente desafiantes para consolidarse. Necesitan "presión" para "cocinarse".

Steve Jobs, el fundador de Apple, contó en una ocasión una historia que se conoce como la "parábola de las piedras". Cuando era niño, Jobs tenía un vecino que era un anciano viudo. En alguna ocasión Jobs le había cortado el césped. Un día el hombre que le mostró una vieja pulidora de piedras que tenía en su garaje. Juntaron algunas piedras feas, irregulares, sucias. El anciano las colocó en la pulidora y la encendió. Le dijo "vuelve mañana". Al día siguiente abrieron la pulidora y sacaron unas piedras pulidas bellísimas. Lo que había ocurrido era que esas mismas piedras se habían frotado, friccionado entre ellas. Jobs conectó esa imagen con la de un equipo trabajando duro y con pasión. Al final del cuento, dijo: "Es a través del equipo, a través de un grupo de gente extraordinariamente talentosa, chocando unos con otros, con argumentos, con peleas en ocasiones, con ruido y trabajando, como se pulen unos a otros y pulen sus ideas, y lo que sale son piedras hermosas".

Comparto la idea de Jobs. Para crear fricción y producir fusión es necesario que el equipo sienta presión, y la más sana y más estimulante es el logro de una meta desafiante y relevante en un período de tiempo acotado. Para lograrlo el equipo se ve exigido a convertirse en un verdadero equipo de alto desempeño.

Elegir unos pocos indicadores para el próximo partido es determinante en la formación de un equipo, porque allí están definidas las metas compartidas (no individuales) y los plazos de forma simple y clara. Al igual que en el deporte, estos pocos indicadores tienen que estar visibles para todos. En el fútbol, el marcador y el tiempo de juego lo conocen todos los jugadores, no solo el técnico y el capitán. Las decisiones no las toman solo los jefes, las toma cada jugador desde su posición, justamente porque conocen el desafío específico y saben el estado de cada indicador clave en todo momento.

Creer que se puede

Un equipo de alto desempeño se propone siempre un gran desafío. Para lograrlo debe soñar en grande y creer que eso se puede lograr. En ocasiones las personas tienen miedo de soñar en grande por el miedo a fracasar y por eso nos preguntan ¿qué tan grande debo soñar? Y nuestra respuesta siempre es: ¿cuánto creen que pueden lograr? Porque como dijo Henry Ford: "Tanto si usted cree que puede, como si cree que no puede… seguramente tenga razón".

Un gran desafío tiene el poder de activar mucha energía en las personas. Pero para que esa energía pueda capitalizarse, necesitamos que las personas que integran el equipo tengan algunas características: deben ser competentes y complementarias entre sí.

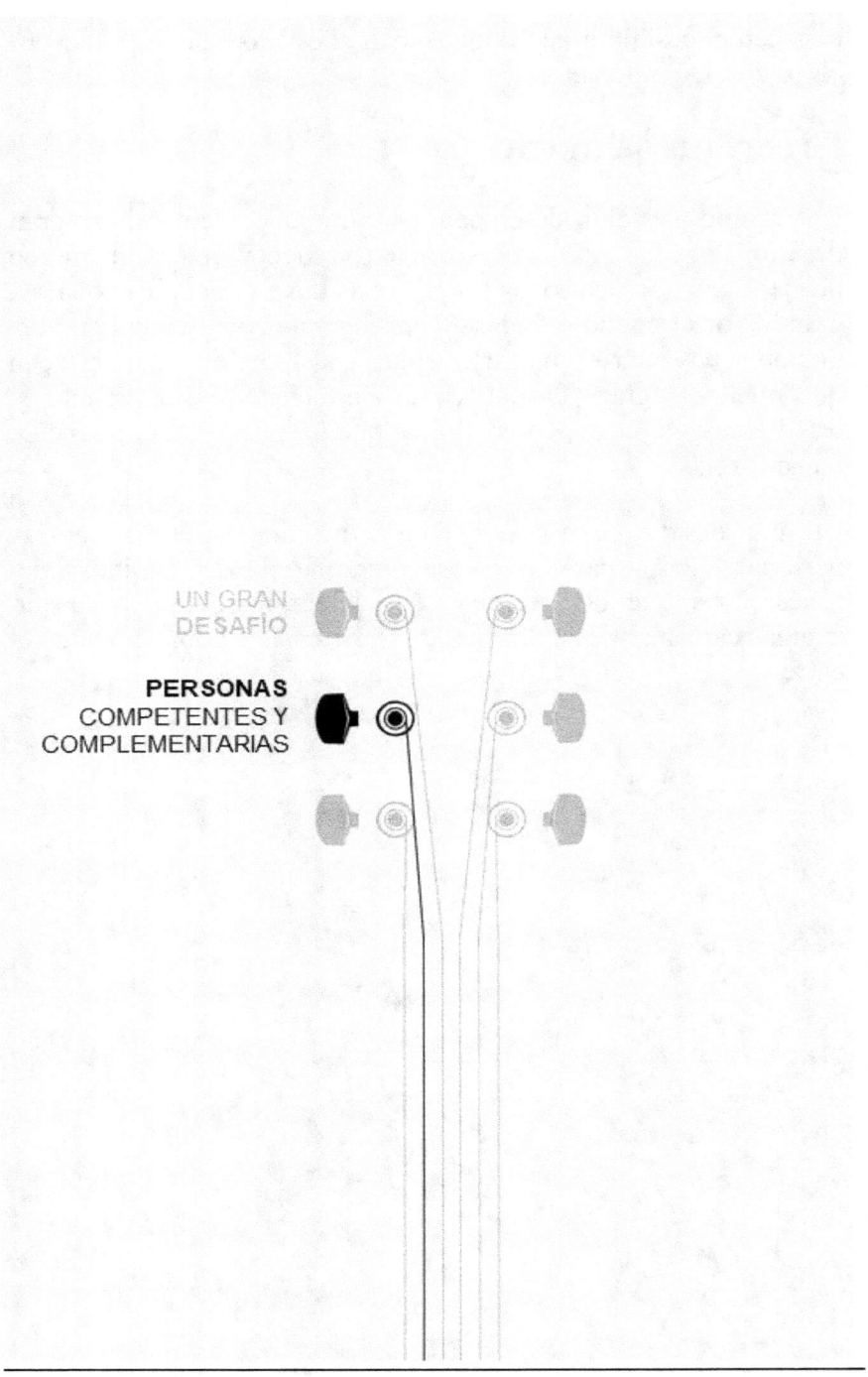

Capítulo 13

Personas competentes y complementarias

Son las personas que integran el equipo el factor determinante del éxito o del fracaso, del logro de los resultados y del ambiente de trabajo (lo que llamamos *clima organizacional*). Y, por lo tanto, no cualquiera puede ser parte de un equipo que quiera ser de alto desempeño. Al final de cuentas, son las personas las que hacen que las cosas pasen.

Por más obvio que esto parezca, frecuentemente observamos en las organizaciones y/o en los jefes, una especie de complacencia con respecto a las personas que forman un equipo. Algunos dicen "es lo que me dieron". Y no dedican tiempo y energía a definir claramente qué personas se necesitan. Otros trabajan incansablemente para lograr resultados cada vez más exigentes sin detenerse a pensar cómo está compuesto el equipo, cómo puede reconfigurarse o cómo puede estructurarse en base a las personas con las que se cuenta.

Un reclamo bastante frecuente es: "necesito más gente". Es cierto que, a veces, no tenemos la cantidad suficiente de personas y eso requerirá incorporar miembros al equipo. Pero siempre vamos a tener recursos escasos, y eso implica que tenemos que dedicar mucho foco a las personas que componen el equipo. Al final de cuentas, son la "herramienta" más importante con la que contamos.

Por esta razón, una vez definido el desafío lo primero que debería revisarse es la composición del equipo. En los equipos deportivos esto es algo completamente natural. El cuerpo técnico analiza el rival que tiene en el próximo partido y decide quiénes jugarán el próximo fin de semana y cómo se van a posicionar en el terreno. Los equipos organizacionales rara vez lo hacen. Se debe revisar y ajustar sistemáticamente la composición del equipo tomando como base el desafío que el equipo se trazó. Y una parte importante de esto es estructurar el equipo en forma diferente para facilitar el trabajo. *"La mejor estructura no garantizará los resultados ni el rendimiento. Pero la estructura equivocada es una garantía del fracaso"*. Peter Drucker.

Composición del equipo

Al momento de definir la composición del equipo, se debe estructurar la forma en la cual se divide el trabajo. Definir con claridad los roles y las responsabilidades de cada una de las personas o de los subgrupos de trabajo.

Para esto se deben tener en cuenta diversos factores.

Lo primero es la estrategia de la organización. Por ejemplo, si una organización quiere ingresar a un nuevo mercado, quizá deba crear un nuevo rol con ese foco. La estrategia define lineamientos para cambiar el negocio, y para que estos lineamientos se hagan realidad es necesario cambiar la estructura. Con una buena estructura se puede lograr que las personas pongan foco en hacer crecer el negocio o reducir los costos o crear nuevos productos o ingresar a un nuevo mercado o innovar o poner foco en el cliente.

Se debe considerar también el tipo de operación (industria, rubro, etc.). Cada tipo de operación tiene mejores prácticas que pueden ser tomadas como base. Estas mejores prácticas en general proponen nuevos roles y responsabilidades que pueden impactar en la estructura.

Se puede optar por una estructura por áreas, por proyectos, matricial (una persona reporta a más de un jefe). Puede incorporar roles con autoridad transversal a toda la estructura, por ejemplo, dueños de procesos. Pero esto no debe atentar contra la ciencia y la efectividad. Hemos visto equipos que han definido organizaciones tan complejas que al final no terminan de ser implementadas y, lo que logran en la realidad, es obstaculizar el funcionamiento. Por eso el diseño debe simplificar la operación, la gestión, la toma de decisiones y las comunicaciones. Esto incluye, entre otras cosas, reducir los niveles jerárquicos.

Y, sin lugar a duda, se deben considerar las fortalezas de las personas con las que se cuenta en el equipo.

La restricción del tamaño

A partir de los estudios de múltiples equipos efectivos, Katzenbach y Smith en su libro *La sabiduría de los equipos* muestran que el tamaño es un factor crítico para la construcción de un equipo de alto desempeño.

No es lo mismo un equipo de dos personas que un equipo de cien personas. En uno de dos personas la comunicación es más fluida, es más fácil conocer a la otra persona, reconocer sus fortalezas y debilidades, y hay mayores probabilidades de que la confianza florezca. En un equipo de cien personas lograr esta cercanía es más difícil. Una organización de cientos o miles de personas puede funcionar con eficiencia, pero para que se convierta en una de alto desempeño necesita dividir el trabajo en varios equipos de alto desempeño y que estos coordinen y sincronicen entre sí.

Richard Hackman, profesor de Harvard, en su libro *Leading Teams* recomienda que los equipos estén integrados por menos de 10 personas, con una preferencia a que sean menos de 6.

SCRUM y Spotify sugieren equipos de no más de 9 personas. Jeff Bezos, fundador y director ejecutivo de Amazon, aplica la regla de las "dos pizzas". Si en una reunión no alcanzan dos pizzas es porque alguien sobra. Dos pizzas alimentan como máximo a 6 personas. Katzenbach & Smith también prefieren equipos de un dígito. En X^n recomendamos que no sean más de 10.

Pero no hay un número exacto. Depende de la actividad, de la composición y de la experiencia de sus miembros, del contexto, entre otros factores. Hay equipos de más de 10 personas que funcionan muy bien. Por ejemplo, en los *call centers* hemos visto grupos de trabajo más numerosos, y esto se debe a que todas las personas ocupan el mismo rol (son agentes que reciben llamadas) existe tecnología que permite sincronizar en forma muy eficiente el trabajo, además de otras consideraciones de contexto que lo hacen posible.

Cuando se define la estructura de un equipo, se debe tener presente esta restricción. Si el equipo es demasiado grande, se recomienda dividirlo en dos o más equipos y también definir qué parte del desafío se lleva cada uno.

Todos estos aspectos de composición tienen en consideración a las personas con las que se cuenta o con las que deberíamos contar para enfrentar el desafío. Dedicar tiempo a estas decisiones, en base a un análisis claro sobre las personas y sus potencialidades, es vital. De lo que se trata es de poner atención y dedicación obsesiva en tener *los mejores jugadores* que sea posible. Y no estamos hablando solo de sustituir jugadores, sino de invertir sistemáticamente en desarrollar a las personas porque, definitivamente, es la mejor inversión que se puede hacer.

Pero, ¿qué significa ser un buen jugador?

En el fútbol, por ejemplo, un buen golero es aquel que logra mantener su arco sin goles. Un buen delantero goleador es aquel que hace goles. Por mejor que hagan otras cosas, ambos tienen que lograr los resultados que se esperan de él. Un golero al que llenan de goles y un goleador que no anota no son buenos jugadores.

Ganar, ejecutar, apoyar

Cuando trabajamos con equipos en la descripción de las responsabilidades de cada persona los invitamos a que piensen en la siguiente fórmula: "ganar, ejecutar y apoyar al equipo".

Ganar

Lo primero que todos los miembros de un equipo deben hacer es "ganar" en su puesto, o sea lograr el resultado que se espera de su posición. El responsable de entregar un proyecto en una fecha determinada gana cuando entrega el proyecto en esa fecha. Un vendedor gana cuando logra el objetivo de ventas que tiene asignado para el período.

Ejecutar

Si una persona no ganó, más vale que haya ejecutado. ¿Qué quiere decir? Si el responsable del proyecto no lo entregó en fecha, decimos que ejecutó si hizo todos los deberes, o sea, planificó de acuerdo con lo que dicen los estándares de la organización, siguió de cerca el avance del proyecto, tomó acción rápidamente, se esforzó. En definitiva, ese individuo hizo todo lo que estaba a su alcance para lograrlo.

En el libro *Los cuatro acuerdos*, sobre la sabiduría tolteca, su autor, Miguel Ruíz, dice que el cuarto acuerdo es "haz siempre lo máximo que puedas". Agrega: "Limítate a hacer lo máximo que puedas, en cualquier circunstancia de tu vida. No importa si estás enfermo o cansado, si siempre haces lo máximo que puedas, no te juzgarás a ti mismo en modo alguno".

Es la *actitud de responsabilidad* que describe Baliño en *No más Pálidas. Cuatro Actitudes para el éxito*. Es la actitud de hacerse cargo, de adueñarse de la acción que conduce al logro de los resultados deseados, sin excusas.

Recuerdo el caso de una persona cuya responsabilidad era contratar a 15 personas en dos meses (por una decisión estratégica de la empresa). Era muy difícil de lograr. Faltando un mes me preguntó: "Cuando te piden lograr algo casi imposible, como contratar a 15 personas en tan corto plazo, ¿realmente pensás que es mi responsabilidad si no lo logro?". Le mencioné la fórmula: ganar, ejecutar, apoyar. "Si tu objetivo era contratar 15 personas y las contrataste a todas, entonces ganaste. Si no llegaste a 15 personas, más vale que hayas hecho todos los deberes, que hayas hecho mil entrevistas, que el área de Recursos Humanos le diga a tu jefe que por favor te pida que los dejes de enloquecer pidiéndole candidatos, o sea, más vale que hayas ejecutado". Se le transformó la cara y por eso le pregunté "¿cuántas entrevistas hiciste? Y me contestó que había mandado un mail a Recursos

Humanos pero que no había podido avanzar por otros temas. Mi respuesta fue: "Todavía estás a tiempo, te recomiendo que ejecutes".

En una conferencia de prensa, el director técnico de la Selección Uruguaya de Fútbol señaló que lo que él les pide a sus jugadores es que cuando termine el partido vuelvan al vestuario con la victoria y con el cansancio de haber *dejado todo en la cancha*. Luego agregó que él sabe que la victoria no depende completamente de ellos, pero dejar todo en la cancha sí. Para eso no hay excusas.

Si una persona no logró los resultados, no hay excusa que valga. Lo único que vale es haber "dejado todo en la cancha". Aquellos que en lugar de dar lo máximo dan excusas no son buenos jugadores.

Una persona que pierde algún partido, pero ejecuta, es valiosa para el equipo.

Ayudar al equipo

Puede ocurrir que una persona no gane y que tampoco haya ejecutado en su puesto. El ejecutivo responsable de contratar a las 15 personas no las contrató y tampoco hizo miles de entrevistas. La única razón válida es que haya dedicado su tiempo a hacer otra cosa: apoyar al equipo. Hay momentos complicados en los equipos, en los que la mejor decisión es que alguien abandone su puesto para que el equipo gane, que alguien se "sacrifique". Todos podríamos entender que un golero vaya a cabecear en los descuentos de un partido si el otro equipo está ganando. Y, si no cumple con su rol porque nos hacen otro gol en el contrataque, todos podemos entender que no ganó y no ejecutó. Pero es porque existe una situación crítica y el equipo decide que sea así.

Pero es necesario hacer una precisión. A veces las personas se escudan en la ayuda que le dieron al equipo para justificar que no ganaron ni ejecutaron en su rol. Descuidan su rol sin consultar al equipo y sin asegurarse de que sea una situación crítica, y esto no los hace buenos jugadores para el equipo, sino todo lo contario.

Roles, resultados y actividades

Cómo se define bien un rol

Muchas veces las definiciones de roles o descripciones de cargo se limitan a detallar una lista de tareas o un perfil para el rol, pero no definen en forma contundente los objetivos de la posición (el resultado esperado, qué significa "ganar"). Por ejemplo, para el cargo de gerente financiero muchas veces nos dicen que precisan un buen contador y que sus tareas son hacer balances, informes, pagar impuestos, etc. O sea, nos describen el perfil (contador) y las tareas. Pocas veces nos dicen que precisan un responsable de la rentabilidad, alguien que asegure que cada dólar que se invierta tenga retorno de la inversión determinado, etc.

Ningún trabajo debería definirse solo con una lista de actividades. Primero se deben definir con mucha claridad los resultados esperados de esa posición. De esta manera, un miembro del equipo sabe claramente qué se espera de él, qué resultados tiene que lograr y qué actividades le corresponde ejecutar para ser valioso para el equipo. Un rol bien definido es aquel que responde a las preguntas ¿qué es ganar? y ¿qué es ejecutar?

Luego se pueden precisar las características más importantes que debe tener la persona, es decir, el perfil que se necesita para tener éxito en ese rol. El perfil será la referencia para seleccionar a la persona más adecuada para ocupar esa posición, la que más se ajuste al rol necesario. En el ejemplo del gerente financiero, aquí recién se define que se precisa un contador, un economista, un MBA o lo que sea.

Mapeo de roles

Cuando trabajamos ayudando al responsable de un equipo a desarrollarlo, lo primero que proponemos es hacer un análisis de cada uno de los roles y de las personas que lo integran (a esto lo llamamos "mapeo" de los miembros del equipo). Es una reflexión sobre *lo que se espera de cada persona en su rol*.

Este ejercicio de mapeo es muy útil cuando se quiere crear un equipo (por ejemplo, para un proyecto nuevo) o cuando se quiere mejorar el desempeño de un equipo (por ejemplo, para entender las necesidades de desarrollo de los miembros). El objetivo final es asegurarnos que tenemos a las personas competentes para ese rol, a las que puedan brillar en él.

Competencias

Cuando hablamos de competencias, nos referimos a las técnicas pero también a las sociales.

En general, decimos que un individuo cuenta con las competencias técnicas (los conocimientos y las habilidades) cuando, con su formación técnica o especializada y con su experiencia, demuestra tener las destrezas para el rol que va a ocupar.

Las competencias técnicas son necesarias para desempeñar un rol, pero no son suficientes.

Para ser verdaderamente competentes, las personas deben ser capaces de relacionarse en sus entornos: participar activamente con sus colegas de trabajo y con los clientes, e integrarse en las acciones de equipo necesarias para desarrollar a cabalidad su rol.

Competencias sociales

Las competencias sociales cada vez son más importantes a la hora de seleccionar personas para un equipo, aunque siguen existiendo organizaciones que solo ponderan las competencias técnicas.

La mayoría de las organizaciones reconoce la importancia de conceptos tales como la inteligencia emocional. Se lo considera un factor clave en la evaluación de las personas, que impacta de forma directa en los resultados del equipo.

La empatía, definida como la "capacidad de compartir los sentimientos de otro", contar con "sensibilidad social alta", "darse cuenta" de cómo se siente el otro o "entender expresiones emocionales" de los demás, es un factor clave. Un equipo cuyos miembros tienen la habilidad de entender expresiones emocionales tiene muchas más posibilidades de obtener resultados significativamente mejores.

Por lo tanto, cuando se está afinando esta cuerda, es necesario reflexionar sobre las competencias tanto técnicas como sociales de las personas que forman parte del equipo y tomar acción si hay alguna brecha. En la historia de la constructora alemana de la Primera Parte, Ernst Bitter, el director de Obra, tenía muy pocas habilidades sociales. En una posición de liderazgo como la que él ocupaba, carecer de esas habilidades lo inhabilita para ocupar el cargo.

Los mejores

Cuando un director técnico, en cualquier deporte colectivo profesional, arma su equipo, trabaja para tener a los mejores jugadores dentro de las posibilidades financieras de la institución.

Sin embargo, en muchas empresas no se le presta suficiente atención a este aspecto. Muchos responsables de equipos están absorbidos por las tareas diarias y no trabajan de forma sistemática en construir un equipo con los mejores en cada posición. Percibimos una falta de inversión en las personas, no solo en recursos financieros sino también en el tiempo que se le dedica a desarrollar a los integrantes del equipo.

Cuando mencionamos este tema generalmente en las empresas, en lo que se piensa es en reclutar talento fuera de la organización. Es una opción muy válida y un proceso fundamental. Como dice Jim Collins en su libro *Good to Great*: "Sé cuidadoso con quién contratas porque te convertirás en quienes contratas".

Pero no es lo primero ni lo único que podemos hacer. Lo primero es asegurarse de que cada uno de los miembros del equipo se está desempeñando en el lugar donde más puede aportar y, por lo tanto, brillar. Para eso es necesario identificar las fortalezas distintivas de cada uno y, a su vez, descubrir qué es lo que más le gusta hacer. En segundo lugar, es necesario examinar las posiciones disponibles en el equipo y relacionarlas con oportunidades de desarrollo para las personas. Es muy gratificante darles la oportunidad de desarrollarse a las personas, de estirar sus competencias y de sentirse orgullosos de entregar un aporte superior. Las mejores organizaciones, siempre que pueden, priorizan el "reclutamiento interno".

Desarrollo de competencias

Un error frecuente es pensar que desarrollar una competencia implica solo capacitación. La capacitación es vital y necesaria. Tener el núcleo básico de conocimientos es "mandatorio" e invertir en la adquisición de conocimiento es prioritario. (A pesar de esto, siguen existiendo empresas que se preguntan: ¿Qué pasa si capacitamos a nuestra gente y luego se van? La respuesta es otra pregunta: ¿Qué pasa si no los capacitamos y se quedan?).

Pero la capacitación no es suficiente. Gran parte del desarrollo de una competencia ocurre en una asignación que permita a la persona adquirir experiencia (ensayo y error). Es allí, en la cancha, donde ocurre el desarrollo. Y se requiere un ingrediente adicional: conversaciones con un mentor o coach que dé feedback oportuno sobre el desempeño, que pueda hasta, en algún momento, ser modelo de rol, que apoye y que acompañe a la persona y que la ayude a reflexionar sobre su experiencia. Algunos autores llaman a esto el "70/20/10" o la "fórmula del desarrollo": donde la asignación pesa un 70, el feedback un 20 y la capacitación un 10. Otros discuten esa distribución y algunos, en forma más pragmática, usan la tradicional fórmula de Pareto. Pero, más allá del debate académico sobre la precisión del peso de estos tres componentes, lo importante aquí es entender que cuando estamos desarrollando una competencia, es mucho más probable que ocurra cuando ponemos estos tres componentes a funcionar.

La inversión en desarrollo de las personas debería ser la más importante en cualquier organización. Sin embargo, a pesar de lo increíble que esto parezca, para muchas organizaciones y jefes esto no es una prioridad. Me viene a la mente la frase: "Usted no desarrolla una empresa. Desarrolla personas que desarrollan una empresa".

Pero para que una persona se desarrolle hay un ingrediente indispensable: su *deseo* de hacerlo.

En *No más pálidas. Cuatro Actitudes para el Éxito*, Baliño señala la actitud de mejora continua, necesidad primordial para el desarrollo (individual y colectivo). Quienes tienen esta actitud, cuestionan el *statu quo*, impulsan cambios incrementales o radicales, y lo más importante: empiezan por sí mismos. Cada individuo debe mejorarse para aportar más y mejor al equipo. Los deportistas lo tienen claro: todos los días tienen que mejorar porque necesitan estar en la mejor forma posible para contribuir al equipo. En las organizaciones debe ser igual.

La psicóloga social Carol Dweck, autora del libro *Mindset*, distingue entre la "mentalidad de crecimiento" y la "mentalidad fija". Las personas con mentalidad de crecimiento están convencidas de que el talento y la inteligencia innatos son un pequeño punto de inicio para lograr el éxito, pero que los logros dependen en gran medida de lo que hagan ellos para lograrlo. Se enfocan en mejorar. Aceptan desafíos. Creen que el éxito se puede lograr con trabajo duro y perseverancia. Las personas con mentalidad fija piensan que los factores innatos explican la mayoría de las cosas que les suceden. La inteligencia y las habilidades individuales vienen de la cuna y son poco desarrollables. En el trabajo se enfocan en demostrar sus habilidades y conocimientos, se mueven dentro de su zona de confort, eluden el *feedback* para la mejora y actúan, en general, de una forma que obstaculiza su crecimiento. Los estudios de

Dweck demuestran que las personas con mentalidad de crecimiento tienen mejores resultados.

Comprender que la *asignación* que haya tenido una persona es determinante en el desarrollo de sus habilidades no sirve solo para entender cómo es el proceso de desarrollo de una persona. Sirve también para evaluar sus competencias actuales al momento de contratarla o de asignarle un nuevo rol. *Cuando se evalúan las competencias, si se analiza solo la formación, se estaría evaluando solo una parte del desarrollo. Los desafíos a los que se enfrentó la persona explican mucho mejor la madurez profesional que ha adquirido hasta ese momento. Es un indicador más preciso del nivel de desarrollo de sus competencias técnicas y sociales.*

Incluso, en el mejor de los casos, seguramente existirá alguna brecha entre las competencias técnicas y sociales actuales de una persona y las requeridas para el rol. La gran mayoría de los mejores equipos que he conocido comenzaron su viaje sin las habilidades suficientes para lograr su objetivo. Pero disponían de una base de habilidades y una actitud de mejora de sus miembros que les permitió desarrollarse y cerrar la brecha en el tiempo disponible. Eran personas con potencial y mentalidad de crecimiento, personas con capacidad y deseo de aprendizaje.

Capacidad de aprendizaje

De poco sirve la capacidad y experiencia si luego se "hace lo mínimo", como observamos en la Primera Parte en el caso de la orquesta de Mary. Si no hay capacidad de aprendizaje, si no hay mentalidad de crecimiento, la brecha entre las capacidades iniciales y las capacidades necesarias para lograr el objetivo no se cerrará nunca. En estas situaciones se requiere tomar decisiones sobre la continuidad de la persona.

El desarrollo requiere de tiempo y la organización y el equipo deben saber esperar. Si una persona tiene vocación por aprender pero se la apura demasiado, se pone en riesgo su desarrollo, su salud y también al equipo. Si se la espera pero no tiene actitud de mejorar, es tiempo perdido. Todas estas consideraciones deben ser tenidas en cuenta al "afinar" esta cuerda. En ocasiones lo mejor es apostar al desarrollo de alguien del equipo y otras veces la realidad nos exige, aunque sea más costoso, contratar profesionales ya desarrollados, "comprar" esas habilidades en el mercado.

En la historia del equipo de Intelligenzias, la Software Jazz Band, uno de los problemas que detectamos era que el equipo lo integraban dos profesionales con poca experiencia. Los habían sumado con el objetivo de desarrollarlos pero como ese equipo tenía un desafío muy exigente y apremiante, no disponían del tiempo necesario para aprender ni de personas que los pudieran ayudar. En un segundo equipo había varios profesionales de alto nivel, pero su proyecto era más pequeño y con plazos menos exigentes. Propusimos un cambio rápido: pasar a los dos jóvenes con poca experiencia del primer equipo al segundo y a dos profesionales de alto nivel del segundo al primero. De esa manera, los jóvenes pasaron a trabajar en un proyecto en el que no estaban sobre exigidos y apurados, un escenario más favorable para que desarrollaran las capacidades necesarias sin frustrarse. Al mismo tiempo dotamos al primer equipo de dos profesionales que ya estaban listos para trabajar con el nivel de exigencia requerido.

En definitiva, es necesario identificar en las personas esas fortalezas distintivas, lo que las diferencia de los demás, y darles las oportunidades, el tiempo y el apoyo para que puedan desarrollarse y brillar.

Por último, hay algunas competencias que no son desarrollables y por lo tanto no tiene sentido hacerlo. Por ejemplo, una persona de 1,90 metros de estatura y de 90 kilos no puede ser jockey: no tiene las capacidades que se necesitan y no las puede adquirir.

Características personales

Las personas tienen determinadas características personales que influyen significativamente en la relación con los demás y, por ende, en los resultados del equipo.

Así que no solo de capacidades se trata.

Las personas

Todo equipo debería hacerse ciertas preguntas. Algunas son:

¿Tenemos personas...

...con capacidades de organizar?

...capaces de tomar decisiones?

...enfocadas en el detalle y la calidad?

...enfocadas en lo general, en el escenario más grande?

...sensibles, orientadas a las relaciones, que prefieren acercarse a los otros?

...confrontativas y exigentes ?

...de acción?

...orientadas a resultados, racionales?

...creativas, innovadoras?

Conocer las características personales de los diferentes miembros puede ayudarnos para el armado del equipo y para definir de mejor manera de qué forma deberíamos trabajar. Hay muchas herramientas que ayudan a conocer las características personales como, por ejemplo, Hermann Brain Dominance Instrument (HBDI), Myers-Briggs Type Indicator (MBTI), Personal Development Analisys (PDA), Eneagrama o Belbin, entre otras.

Complementariedad

La *complementariedad* de los integrantes del equipo es fundamental para lograr su éxito. Por ejemplo, un equipo compuesto exclusivamente por personas orientadas a resultados puede generar problemas de relacionamiento. O un equipo compuesto por personas exclusivamente orientadas a las relaciones, pueden generar serios inconvenientes de resultados. La clave es el balance.

Los expertos a cargo de la conformación de los equipos más exigentes, por ejemplo las personas responsables de las exploraciones de la NASA (los astronautas tienen que lograr resultados conviviendo por largos períodos en espacios reducidos y en condiciones muy especiales), centran su atención en cómo se complementan y se relacionan las personas entre sí.

Diversidad

Nos pasa a todos. En general preferimos trabajar con gente parecida a nosotros, y como consecuencia, creamos equipos con personas con características similares. Una posible explicación es que cuanto más parecidos somos, más cómodos nos sentimos y nos imaginamos que menos conflictos tenemos. Cada persona tiene una forma de observar, analizar e interpretar la realidad. Cuando estamos frente a una persona "diferente" muchas veces nos cuesta entenderla y apreciar el valor que podría aportar.

Tener diversidad en un equipo significa convivir con visiones diferentes, lo que permite ampliar las opciones y, como se dice en la música, crear fusiones. Una de mis piezas favoritas es "Mediterranean Sundance", de Paco de Lucía y Al Di Meola, una fusión entre el flamenco y el jazz.

En las empresas ocurre lo mismo. La diversidad, en general, mejora a los equipos y a las personas. Cuando interactuamos con personas diferentes a nosotros aprendemos a ver otras cosas y a interactuar con personas que funcionan de manera distinta. Al incorporar otras formas de ver la realidad se abren nuevas posibilidades, otras alternativas, puntos de vista diferentes, lo que lleva a la mejor toma de decisiones, a la innovación. Cuando hablamos de diversidad hablamos de las fortalezas dadas por las diferentes competencias técnicas y sociales, por las características personales y, obviamente, también de las diferencias de género, edad, culturas, creencias, etc.

El nivel de diversidad depende del equipo. Por ejemplo, en un equipo de soporte técnico, quizás es mejor poner énfasis en las habilidades técnicas o de control de calidad. En un equipo comercial quizás el énfasis es mayor en las capacidades sociales y de foco en el cliente. Pero nunca es sano que existan solo ciertos atributos y estén ausentes otros. Un equipo técnico necesita habilidades sociales porque necesita estar cerca de la gente, y un equipo comercial necesita tener conocimientos técnicos y cuidar la calidad porque necesita clientes satisfechos.

Un equipo formado por personas competentes y complementarias es un equipo en el que hay diversidad y complementariedad, diferentes profesiones, características personales, edades, géneros, incluso diferentes culturas, nacionalidades o identidades étnicas. Muchos nos preguntan: ¿Cómo logramos que todas esas personas tan distintas trabajen juntas por un mismo objetivo?

Para lograrlo es necesario hablar de un tema que a algunos no les divierte mucho, pero que todos los que integran un equipo de alto desempeño saben que es fundamental: las reglas de funcionamiento.

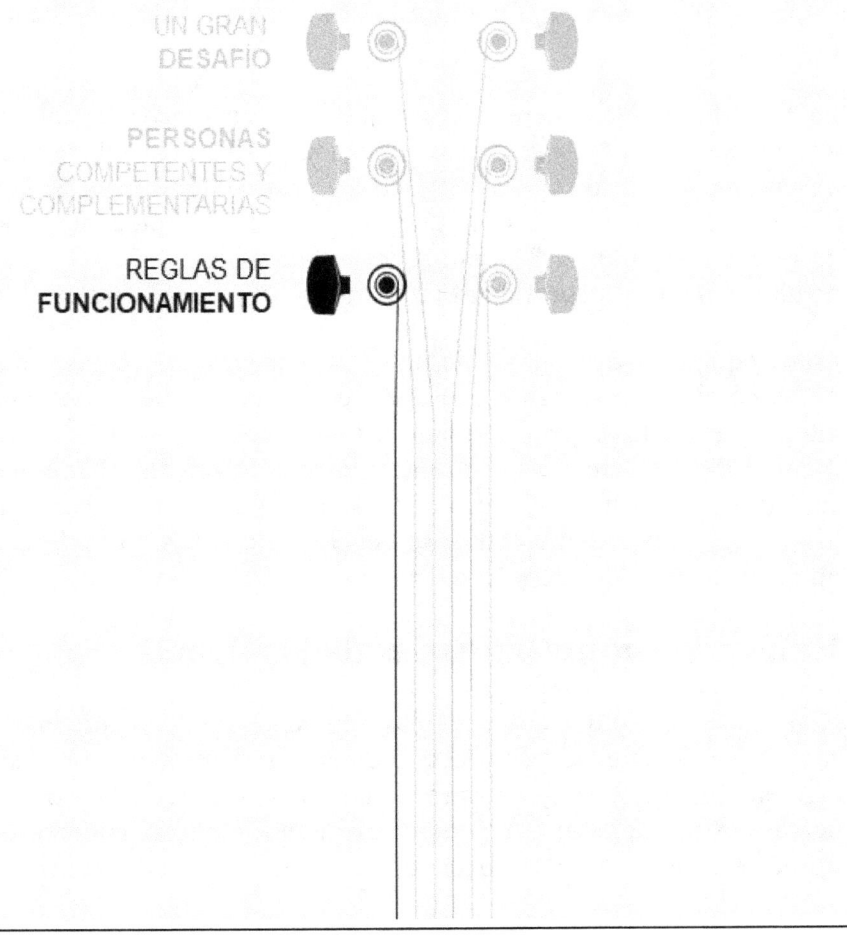

REGLAS DE
FUNCIONAMIENTO

Capítulo 14

Las reglas de funcionamiento

A diario escuchamos en las empresas frases como las siguientes:

"A mí nadie me dijo que yo tuviera que hacer…".

"Esa decisión la tenía que tomar yo… ¿por qué no me involucraron?"

"Nuestras reuniones no sirven para nada…"

"No se lo digas a José, pero se está equivocando. Yo ni loco hago lo que me pidió".

La falta de claridad acerca del rol que uno desempeña, el rol de los demás y la forma en la que interactúan, es algo que observamos muy frecuentemente en los grupos de trabajo. Si las personas no saben quién hace qué ni cómo comunicarse, además de que se van a "pisar" o van a dejar "puntos ciegos", les va a resultar muy difícil coordinar el trabajo.

Los equipos de alto desempeño acuerdan reglas de funcionamiento (escritas o no) que son respetadas por todos los integrantes. Estas reglas permiten a todos tener claro cuál es su rol y el de los demás y entender y llevar a la práctica cómo se coordina y sincroniza el trabajo. Cuando no existen, y abundan los supuestos o malentendidos, se generan fricciones o conflictos que deterioran el desempeño del equipo.

Roles y responsabilidades de los demás

Hemos observado que hay personas que tienen una percepción de su rol que no coincide con lo que creen los demás. Es como si alguien creyera que es el árbitro de un partido de fútbol pero los demás no lo supieran o no lo reconocieran. Cuando cobre una infracción nadie va a reconocer su autoridad. No quiere decir que la persona esté equivocada. Quizás no lo esté. El hecho es que los demás no lo saben.

La situación así descripta parece ridícula en el deporte. Sin embargo, en las organizaciones esta distorsión es muy frecuente: *los demás no reconocen a una persona en esa función, o no tienen claro cuál es su rol y quizás pueden no valorar su existencia*. Incluso en organizaciones más maduras, donde los cargos están bien definidos, estos casos de desconocimiento y eventuales desacuerdos de los roles también se dan.

Cuando trabajamos con equipos realizamos sesiones para resolver estas distorsiones. Durante esas dinámicas hay frases representativas de estos conflictos o malentendidos: "Pero yo no soy quien tiene que hacer eso", o "¿pero no eras tú la persona a cargo de...?".

Estas sesiones son muy intensas. En ellas salen a la luz las distorsiones y la falta de conocimiento acerca de las responsabilidades. Al mismo tiempo, facilitan la construcción de acuerdos sobre *quién hace qué* y se identifican los desafíos de cada miembro y cómo pueden ayudarlo sus colegas. En innumerable cantidad de casos hemos sido testigos de la mejora del diálogo y de la empatía al interior del equipo. Conocer y reconocer el valor del otro construye confianza, que es la sexta cuerda de nuestra guitarra.

Por otra parte, son excelentes oportunidades para que todos conozcan mejor el rol del equipo como tal y que entiendan "el juego" que están jugando como colectivo y no solo su rol personal. Cuanto más conocemos y comprendemos los roles de los demás, más podemos colaborar.

El rol en los procesos y proyectos

El rol de una persona no está definido solamente por su cargo. En las organizaciones existen procesos y proyectos que atraviesan varias áreas y donde diferentes personas son responsables de ejecutar una parte. Cuando se clarifica el rol de cada individuo también es clave identificar su misión en los procesos y proyectos.

Colaboración efectiva

Cuando los roles están claros y son conocidos por todos, el siguiente paso es construir los acuerdos necesarios para coordinar y sincronizar el trabajo.

El factor más importante de la capacidad de colaboración es *la calidad de las conversaciones, porque son las que forjan los resultados*. Son las que permiten aclarar y mejorar ideas, resolver los conflictos, optimizar la toma de decisiones, mejorar la capacidad de colaboración y, en definitiva, obtener resultados superiores.

Los equipos sólidos se caracterizan por la calidad de sus diálogos. Realizan reuniones periódicas para hablar de los temas importantes, son ejecutivos, usan datos, toman decisiones y manejan adecuadamente los conflictos. Cuando hablan, son directos, sinceros, no pierden el tiempo y se enfocan en la solución.

La calidad del diálogo la podríamos definir en base a las siguientes 4 características: apertura, franqueza, informalidad y conclusión.

Apertura

La conversación es una búsqueda honesta de alternativas, de la mejor solución, cuyo resultado no está predeterminado. La postura es: "Venimos a una reunión a plantear nuestra mejor idea pero también a buscar una mejor que la nuestra". Hay un genuino interés en escuchar las diferentes voces y enfoques. El ambiente de la conversación es "seguro", lo que permite la discusión y el aprendizaje. Esto promueve la confianza que, como veremos más adelante, es el valor más importante en un equipo.

Franqueza

Es la disposición a decir lo que hay que decir, a exponer compromisos no cumplidos, a expresar los conflictos que socavan el consenso aparente. La postura es: "Decimos lo que pensamos. No lo políticamente correcto. Enfrentamos la realidad tal cual es. Estamos dispuestos a expresar el desacuerdo y enfrentar los conflictos. No tenemos una agenda escondida. No votamos una decisión con los labios dentro de la reunión, y después la vetamos con los pies fuera de la reunión". El diálogo puede ser fuerte e intenso. Cada uno puede decir genuinamente lo que piensa y cuando se toman decisiones se llevan adelante. Cuando no hay franqueza se corre el riesgo de los vetos por inacción (no hablo pero luego no hago). La falta de franqueza reduce significativamente la confianza.

Informalidad

Cuando las reuniones se endurecen por posturas "acartonadas", se suprime la espontaneidad y la franqueza. La postura es: "Conversamos libres de formalismos y formatos rígidos. Hablamos de forma espontánea, permitimos la pregunta enriquecedora y la reacción honesta". Esto fomenta la franqueza y reduce los comportamientos defensivos. El uso adecuado del humor ayuda a distender el ambiente. Ser informal no significa que cada uno puede hacer lo que quiere, no es el "vale todo".

Conclusión

La conversación termina con una lista de deberes. En el final de las reuniones se mencionan públicamente los compromisos que cada uno de los miembros asume. Todos saben exactamente lo que se espera de cada uno, con fechas específicas de cumplimiento. Todos tienen claro qué van a hacer, quiénes van a hacerlo y cuándo. Las reuniones no terminan con el clásico: "Quedamos así, cualquier cosa nos mandamos un mail". La conclusión asegura que el conjunto de decisiones tomadas tiene como resultado la asignación clara de responsabilidades y de acciones.

Conversaciones de calidad

Cuando las conversaciones son de alta calidad (con las 4 características que definimos), se promueve la colaboración efectiva. Esto es: la capacidad de tomar mejores decisiones y oportunas, y la capacidad de mejorar la resolución de conflictos. Cuando las conversaciones son de calidad, se centran en los resultados y entonces se potencia el desempeño.

Virus

El alto desempeño puede ser destruido por distintos "virus": el diálogo inconcluso, el acaparamiento de información, la perspectiva parroquial y el "vale todo".

El virus del diálogo inconcluso: Las reuniones terminan sin que quede claro qué se decidió o sin un próximo paso claro, sin acciones ni responsables de ejecutarlas. *Antídoto*: Concluir las reuniones documentando las decisiones tomadas y asegurándose de que todos saben quién hará qué y en qué plazo. Usar una "Lista de Deberes" con tres columnas: qué hay que hacer, quién es el responsable (1 sola persona) y fecha de terminación.

El virus de acaparamiento de información: Un importante hecho u opinión sale a la luz después de que se ha arribado a una decisión, lo que vuelve a abrir el debate sobre la decisión. *Antídoto*: Asegurarse de antemano de que asisten todas las personas correctas. Preguntar explícitamente ¿qué es lo que nos falta para tomar la decisión? Asegurarse de que todos tienen voz en el proceso de decisión.

El virus de la perspectiva parroquial: Las personas se aferran a visiones estrechas, vinculadas exclusivamente a sus intereses, y no logran reconocer las expectativas e intereses de los otros y de la organización. *Antídoto*: Convertir en regla el siguiente criterio: al tomar decisiones, elegir primero lo que es lo mejor para la empresa / el equipo, luego lo que es bueno para el departamento y por último lo que es bueno para cada miembro.

El virus del vale-todo: Ocurre cuando el equipo y en particular el jefe tolera que una persona haga lo que se le plazca, hable en cualquier momento de cualquier tema, y tenga comportamientos negativos. *Antídoto*: No reforzar los comportamientos negativos, hablar claramente, penalizar y finalmente desvincular a la persona si persiste. *Para ganarse la credibilidad de las personas se requiere ser justos.*

La clave para no permitir la proliferación de los virus y promover la colaboración más efectiva es acordar reglas entre todos los miembros del equipo.

Los tres acuerdos

Hemos trabajado con muchos equipos en la definición de reglas. Existen tres acuerdos fundacionales que promueven una colaboración efectiva y como consecuencia se genera el ambiente necesario para que se eleve la confianza y mejoren los resultados. Estos son:

¿Cómo manejan las interacciones?

¿Cómo toman las decisiones?

¿Cómo resuelven los conflictos?

Interacciones

La mayoría de los problemas en los equipos se producen por un mal manejo de las interacciones.

La forma más eficiente de interacción entre dos personas es cara a cara. Diversos, estudios han demostrado que las palabras son una parte menor en la comunicación entre las personas. El tono de voz y el lenguaje no verbal ¡comunican más que las palabras! Una interacción cara a cara es en definitiva una reunión.

Además de las reuniones existen otras formas de interacción. La tecnología nos permite interactuar con una o varias personas, por correo electrónico, mensajería instantánea (WhatsApp, Messenger), videoconferencias (Skype, Facetime), redes sociales.

También se puede "interactuar" dentro de una organización usando soluciones tecnológicas de negocios. Un gerente puede saber los resultados de su unidad sin preguntárselo al contador. Accede directamente al sistema contable y realiza una consulta.

Lo importante es que los miembros de un equipo acuerden cómo van a realizar sus interacciones, y que tengan claro cuándo se usa un método y cuándo otro.

Muchas veces enviar un correo electrónico en lugar de resolver un problema lo agrava, pero otras veces es una solución muy eficiente. El uso adecuado de los diferentes métodos de comunicación es algo a lo que se debe prestar especial atención en todos los equipos.

No siempre es posible tener en el mismo lugar físico y en el mismo horario a todas las personas del equipo, y por lo tanto se usa y abusa de la tecnología. Cuando un equipo tiene estas limitantes, el modelo no cambia. También se necesitan reglas de funcionamiento. Es una variante que exige un buen diseño de las interacciones mediadas por estas tecnologías pero que también incluya reuniones presenciales. Los miembros del equipo deben acordar los mecanismos más convenientes.

Las reuniones

Una vez un ejecutivo me dijo: "Nosotros eliminamos todas las reuniones". Le pregunté por qué y me contestó que en su opinión no servían para nada, eran una pérdida de tiempo, eran un caos, duraban demasiado, la gente terminaba malhumorada, algunos no prestaban atención, al terminar no quedaban en nada, etc.

Le di mi opinión: las reuniones son la pieza de coordinación más efectiva en las organizaciones y los equipos. Cada interacción presencial entre dos o más personas es, en esencia, una reunión. La reunión es una herramienta que se puede usar bien o mal. Si las reuniones son malas no es porque no sirvan, es porque los miembros del equipo no saben usar correctamente la herramienta. Suprimir las reuniones no es la solución.

El problema son las malas reuniones. Sin duda que esas reuniones interminables, matadoras, en las que se habla de todo, en las que algunos están desconectados de la reunión y conectados a su teléfono o su laptop, son deprimentes. Son una pérdida de tiempo y un desperdicio de energía física y emocional.

Los equipos de alto desempeño tienen las reuniones que precisan, ni una más, ni una menos. Cada reunión es eficiente y efectiva, dura lo que tiene que durar y logra el objetivo para el cual fue citada. Esto ocurre porque sus miembros previamente se pusieron de acuerdo en dos temas fundamentales: el sistema de reuniones (qué reuniones realmente deben tener) y cómo deben manejar las reuniones para que sean eficientes y efectivas.

El ejecutivo que había eliminado las reuniones escuchó mis argumentos y aceptó que ayudáramos a su equipo y a él a definir el sistema y la forma de gestión de las reuniones. Luego de un tiempo de implementación, reconoció su utilidad y valoró el significativo impacto que tuvo en el desempeño.

El sistema de reuniones

Es el mecanismo vital de coordinación del equipo. Cuando no se tiene acordado es casi imposible coordinar el trabajo. El sistema puede incluir distintos tipos de reuniones: de planificación, de seguimiento, de tormenta de ideas, de aprendizaje sobre experiencias vividas, entre otras.

En un equipo en funcionamiento el primer paso consiste en acordar colectivamente cuáles reuniones se mantienen y cuáles se eliminan porque no aportan valor. Luego se define el objetivo de las reuniones, así como su duración, periodicidad, participantes, temas a tratar, entre otros. También se debe decidir qué sistemas de información se usarán y qué debe traer cada uno de los miembros del equipo a la reunión.

Reglas para el manejo de reuniones

El siguiente paso consiste en acordar la forma de conducción de las reuniones, esto es, definir el conjunto de reglas que todos seguirán y respetarán antes, durante y después de la reunión.

Algunos ejemplos de reglas de manejo de reuniones son:

- Cero teléfonos, cero chats, cero mails.

- Una persona controlará el tiempo.

- Las reuniones empiezan en hora con las personas que estén presentes.

Conflictos

Cuando trabajamos con otras personas el conflicto es inevitable. Bruce Tuckman, profesor de psicología de la universidad de Ohio, realizó diversos estudios sobre las dinámicas de los equipos de trabajo y concluyó que luego de una primera fase de formación, inevitablemente los equipos pasan por una fase de tormenta caracterizada por una gran cantidad de conflictos. Aquellos que logran transitar esta fase adecuadamente pueden seguir el proceso de desarrollo del equipo hacia fases de alto desempeño. Para eso es necesario aprender a manejar bien los conflictos.

Un conflicto no es una diferencia de opinión. En los equipos de alto desempeño se pueden observar excelentes y apasionados debates, lo que es una muestra de que el equipo permite (y alienta) la discrepancia y de que hay diversidad de opiniones y enfoques. Una diferencia de opinión se convierte en un conflicto cuando genera problemas en el funcionamiento del equipo. Identificar y manejar a tiempo los conflictos permite al equipo ser más ejecutivo y evita que las relaciones personales se erosionen. Para manejarlos de forma positiva es importante acordar previamente cómo van a ser manejados (una especie de protocolo).

Reglas para el manejo de conflictos

Algunas ideas para incluir en este acuerdo son:

- Cuando tenga un conflicto con alguien lo hablará en privado.

- Ni bien identifique un conflicto con alguien lo conversará rápidamente

- No se hablará mal de alguien que no esté presente.

Un integrante de un equipo que sabe que sus colegas protegen este acuerdo, que se comportarán de esta forma cuando tengan un conflicto con él o ella, que sabe que si alguien habla mal de él o ella en lugar de "tirar más leña al fuego" lo alentarán a ponerse en el lugar del otro y a resolver en privado el conflicto, seguramente se sentirá mucho mejor y más confiado. Cuando estas reglas no existen o no se respetan las diferencias se convierten en conflictos, y estos crecen hasta que se convierten en problemas personales y son prácticamente inmanejables.

Toma de decisiones

Los equipos de alto desempeño toman muchas decisiones y lo hacen rápido y bien. Si se equivocan las revisan y las ajustan como equipo, sin echarle la culpa a nadie.

En muchas ocasiones me he encontrado con equipos que me dicen: "Aquí las decisiones se demoran demasiado", "la dirección no toma decisiones", "para tomar una decisión hay que preguntarle a todo el mundo", "no tengo autonomía", etc. Esto generalmente ocurre porque no está clara la forma en la cual se toman las decisiones, no se transitan ejecutivamente los tres tiempos de la toma de decisiones.

Los tres tiempos

El primero es un tiempo de debate, donde se buscan alternativas, ventajas y desventajas, y se propone una amplia gama de opciones. Es el momento de la divergencia y es importante la diversidad. Todas las ideas valen, por más raras que parezcan no serán descartadas.

En el segundo tiempo, se toma la decisión entre el conjunto de alternativas que se eligieron durante el debate. Es una fase convergente, de selección y descarte para finalmente llegar al momento de la elección final. Muchas veces se postergan las decisiones en base al supuesto de que disponer de más tiempo permite recopilar más información y eso permite tomar mejores decisiones. La información, los datos y los hechos son vitales, son amigables (en inglés hay un dicho que dice *facts are friendly*), y además son un gran antídoto contra los "opinólogos". Pero la intensidad de los desafíos nos obliga muchas veces a tomar decisiones sin el 100% de la información. Una regla muy útil es la de 40/70. Dice: "Si usted toma una decisión con menos de un 40% de la información es un inconsciente. Si la toma con más del 70% la debería haber tomado hace un año".

Y en el tercer y último tiempo se ejecuta lo que se decidió.

Con frecuencia nos encontramos con equipos que, luego de haber debatido y tomado una decisión, en lugar de pasar a la ejecución siguen debatiendo, lo que pone en riesgo el logro de los resultados y destruye la confianza entre los miembros del equipo. Una de las causas posibles es que el debate haya sido de mala calidad. Una característica de los equipos de alto desempeño es que una vez que deciden, ejecutan, no siguen debatiendo.

Acordar en el equipo que existen estas tres etapas y que cada una va a ser manejada como corresponde es una regla fundacional que aumenta la confianza y que evita potenciales conflictos.

Reglas para la toma de decisiones

Algunas de las reglas que hemos recomendado a los equipos son las siguientes:

- Si debo tomar una decisión que impacte en los demás, me comprometo a tomarla con las personas afectadas.

- Cuando tomamos una decisión pensamos primero en lo mejor para la empresa, luego en lo mejor para el equipo y finalmente en lo mejor para mí.

- Cuando el equipo toma una decisión me comprometo a apoyarla pública y privadamente como si fuera propia, especialmente si mi posición inicial fue diferente.

Estas son solo algunas ideas. Cada equipo debe desarrollar sus propias reglas, y una forma de hacerlo es empezar respondiendo a preguntas como las siguientes

1. 1. ¿Qué problemas tenemos en las reuniones?

2. 2. ¿Qué problemas tenemos cuando tenemos conflictos?, y

3. 3. ¿Qué problemas tenemos cuando tomamos decisiones?

Estas preguntas inmediatamente sacan a la luz los problemas que afectan al equipo y, según nuestra experiencia, para cada problema existe una regla que (si todos están de acuerdo y la cumplen) lo resuelve.

Si hay un acuerdo sobre reglas y un miembro del equipo no las respeta, el primer paso es hablar con él o ella y darle *feedback*. Si se repite, es necesario ser más enfáticos y aplicar sanciones. Pero si persiste en su actitud entonces lo mejor es desvincularlo. Este proceso es el que ocurre naturalmente en cualquier deporte cuando un jugador no sigue las reglas establecidas.

El buen manejo de las reglas

A veces los equipos establecen reglas más detalladas de lo que necesitan ser. Por ejemplo, en lugar de acordar lo que se espera de un rol, se define *cómo* se tiene que hacer, se lo describe en detalle. Hay casos en los que se justifica, como por ejemplo en posiciones con una alta rotación. Las reglas definidas con detalle aseguran estabilidad en la calidad de lo que se hace. Otro ejemplo es cuando se exige el cumplimiento de ciertos estándares de calidad, seguridad, medio ambiente, salud, etc. Pero las reglas deben ser revisadas muy bien, porque pueden ser innecesarias en posiciones ocupadas por personas experientes o en las que una misma tarea se puede hacer de maneras diferentes.

Ni demasiado ni muy poco

En estos últimos casos las reglas pueden ser contraproducentes con personas que sobradamente saben cómo desempeñar su rol, o pueden dar a entender que la persona tiene poco para aportar y debe limitarse a hacer lo que le dicen. En ambos casos afecta de forma negativa el compromiso y la creatividad. También puede dar lugar a que se discuta más sobre el cumplimiento de las reglas que sobre los resultados logrados.

En la historia de Intelligenzias reflexionamos sobre los diferentes tipos de reglas y su relación con la madurez de los miembros del equipo. En un equipo maduro son suficientes unas pocas reglas, que todos compartan y cumplan.

Aunque sean pocas, puede ocurrir que algunas resulten molestas para alguna persona. Por ejemplo, si se acuerda registrar cada avance de un proyecto en una herramienta colaborativa, puede ocurrir que a una persona le resulte una tarea engorrosa. Pero si todos lo hacen, esa persona lo debería hacer. Es suficiente con que uno no lo haga para que el acuerdo se caiga y el equipo resulte perjudicado.

Las reglas se establecen con el objetivo de que el equipo, como un colectivo, funcione mejor. La mayoría de las veces las reglas no benefician a un individuo, sino que le agregan una complicación o, eventualmente, una molestia. Por ejemplo, si las calles están desiertas y un automovilista llega a un semáforo con luz roja, respetarlo puede parecer una molestia si piensa de forma egoísta. ¿Por qué detener el auto y esperar? Sin embargo, si piensa como ciudadano, sabe que ese semáforo está para evitar accidentes y que lo mejor es respetarlo.

Revisar periódicamente

Hay equipos que establecen reglas porque las leyeron en un libro o estudiaron una metodología y les parecen muy buenas, pero no vinculan la regla con la optimización del funcionamiento colectivo. De hecho, son reglas que muchas veces enlentecen a los equipos y crean burocracia. Los equipos de alto desempeño son ejecutivos y por lo tanto acuerdan reglas efectivas. Aceptan solo la burocracia necesaria y las reglas que no sirven las descartan.

Una buena práctica es revisar periódicamente las reglas, porque se vuelven obsoletas o cambian a medida que el equipo madura.

Los equipos que se proponen grandes desafíos están integrados por personas competentes y complementarias, y están de acuerdo en un conjunto de reglas de funcionamiento, son equipos que han logrado una buena conexión racional. Digamos que la parte técnica la tienen bien resuelta, bien afinada. Es altamente probable que logren buenos resultados.

Con una buena conexión racional podemos tener un buen equipo, pero no uno de alto desempeño. Para que un equipo logre algo + grande, algo extraordinario, necesita además una fuerte conexión emocional.

Capítulo 15

La conexión emocional

Cuando le preguntamos a los responsables de una organización ¿qué es lo más importante de su organización?, en general nos dicen: ¡el capital humano! Y a continuación preguntamos: si eso es lo más importante, ¿cuánto capital humano tienen? La mayoría nos responde con la cantidad de empleados. Pero eso no es el verdadero capital humano. El capital humano es el resultado de la siguiente fórmula: Capital Humano = Capital Intelectual * Capital Emocional. Como bien lo indica el álgebra, cualquier cosa por cero, da cero. En el deporte esto es bien claro. Muchas veces los equipos con los mejores jugadores se ven superados por equipos que tienen buenos jugadores (quizá no tan buenos como su rival) pero con un elevado capital emocional.

En un equipo con alto capital emocional, las personas vibran y dejan todo en la cancha, se levantan luego de cada tropiezo, son personas motivadas con "hambre de ganar". Estos equipos elevan su desempeño pues llevan la energía individual y la capacidad de colaborar al siguiente nivel. Son equipos conectados a nivel emocional. Phil Jackson, el director técnico que ganó más campeonatos de la NBA, 11 en total, dijo en una ocasión: *"Los buenos equipos acaban por ser grandes equipos cuando sus integrantes confían los unos en los otros lo suficiente para renunciar al "yo" por el "nosotros"*.

Las personas no son solo intelecto. Las emociones son una parte primordial en todo lo que hacen. Los seres humanos se mueven en base a combustible emocional. Cuando se entusiasman con algo se esfuerzan por conseguirlo. La razón los ayuda a reflexionar sobre ventajas y desventajas, a hacer cálculos, pero al final son las emociones las que los movilizan. Albert Einstein sostenía que la fuerza más poderosa del universo no es la atómica, sino el amor.

No se necesitan muchas pruebas para reconocer esto. Basta solo con observar a la especie humana. La explicación reside en nuestra propia biología. Tiene también un sustento científico. Sin lugar a duda nuestra capacidad intelectual nos diferencia del resto de los animales. El córtex frontal del cerebro nos ha dado esta fortaleza distintiva de nuestra especie. Sin embargo, el sistema límbico, la parte emocional del cerebro, se desarrolló mucho antes que el córtex frontal. Por lo tanto, los humanos somos seres emocionales que aprendimos a pensar. Solo el 10% de nuestro cerebro es racional, el resto tiene más que ver con las emociones y con nuestros instintos de supervivencia. Las emociones juegan un partido sustancial.

Durante muchos años he sido una persona fundamentalmente racional (no en vano elegí la carrera de ingeniería), y debo confesar que antes pensaba que las emociones eran solo para la familia y que en el trabajo solo se debía hablar de temas relacionados con la razón. La realidad es muy diferente. Las emociones son determinantes en todo y especialmente en el trabajo.

Por esta razón, para construir un equipo de alto desempeño es necesario asegurarse de que exista una conexión emocional además de la conexión racional.

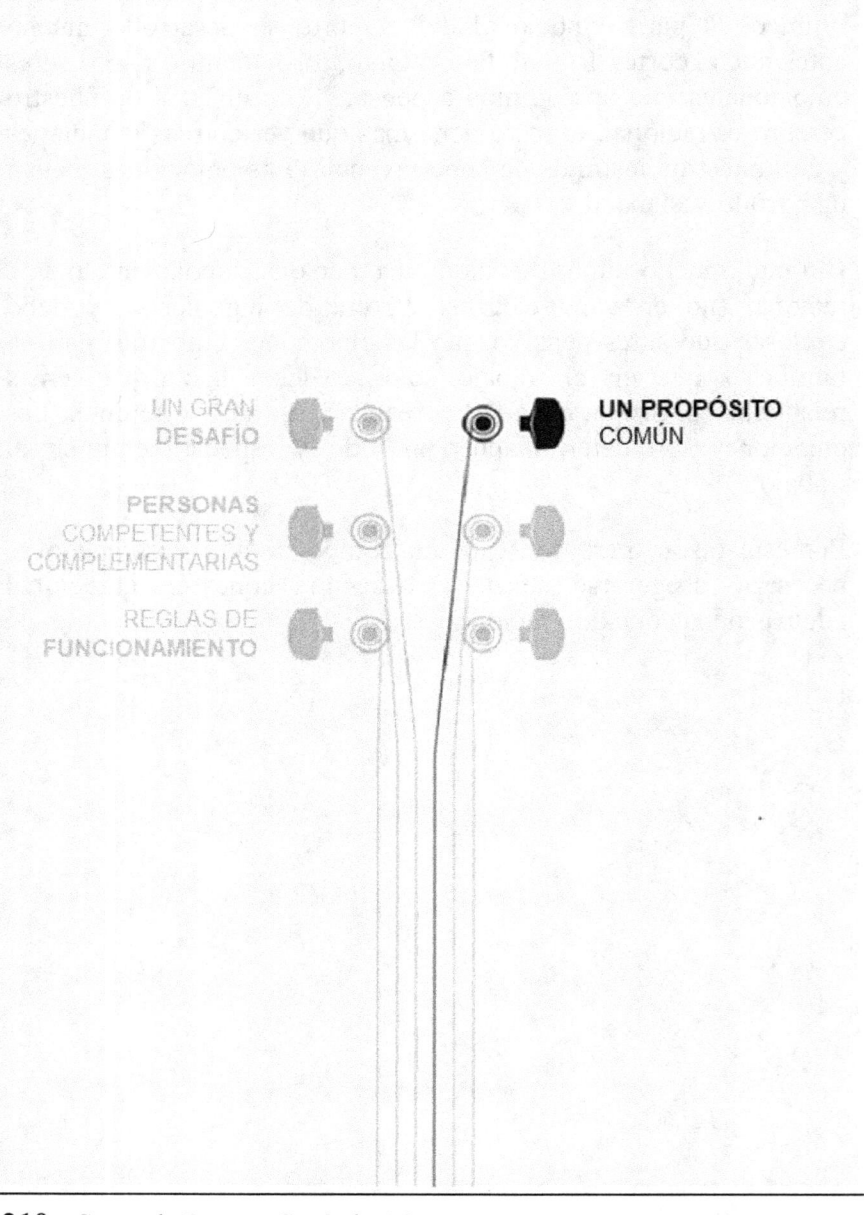

Capítulo 16

Un propósito común

Hace unos años me contaron la siguiente historia. Un día, la gerente general de un laboratorio farmacéutico recibió una llamada. Se trataba de una mujer cuyo padre tenía una enfermedad a la que aún no se le había encontrado cura y que se encontraba muy grave. La mujer le explicó que había estado investigando en Internet y que había encontrado una información que señalaba que en Europa, el laboratorio para el que la gerente trabajaba en Uruguay estaba haciendo pruebas con un nuevo medicamento que podría ayudar a su padre. Le preguntó a la mujer si podía conseguir ese medicamento experimental.

La gerente la escuchó atentamente. Le respondió de manera muy sincera, porque era lo que la experiencia le indicaba. Le dijo que era casi imposible lograrlo pero le prometió que igual lo iba a intentar.

No fueron solo lindas palabras. Lo que le prometió lo cumplió. Movió cielo y tierra dentro de su propia organización y consiguió que autorizaran el envío de una muestra. Luego se contactó con las autoridades sanitarias uruguayas, obtuvo las autorizaciones exigidas y se la entregó a la mujer.

Unos meses después un señor mayor se presentó en el laboratorio y pidió para hablar con ella. Era el señor que había estado enfermo. Gracias al medicamento de prueba se encontraba mejor. Casi sin poder hablar por la emoción, le dijo: "Gracias a ti pude conocer a mi nieto". La emoción los invadió, y aunque esa era la primera vez que se veían en persona, se fundieron en un abrazo en silencio.

Hasta ese momento, la gerente siempre había creído que el propósito del laboratorio era "producir medicamentos de alta calidad". Ese día se dio cuenta de que sí, que uno de los propósitos era ese, pero que había uno mucho más profundo, que era darle "una oportunidad de vida a las personas". Su trabajo le había permitido salvar una vida, que un abuelo conociera a su nieto. El sentido de su trabajo se había ampliado y profundizado.

Esa es la diferencia entre "desafío" y "propósito". Se necesita un gran desafío, como por ejemplo, "producir medicamentos de alta calidad", que es algo racionalmente claro. Pero cuando ese desafío tiene un propósito profundo, como el "darle una oportunidad a la vida", lo que se logra es la conexión emocional.

Los equipos, además de un gran desafío, necesitan descubrir su propósito común, darle a su trabajo una dimensión y un sentido más profundo y más poderoso.

Este elemento tiene un efecto mucho más energizante en los miembros del equipo y es necesario si se a aspira lograr metas realmente elevadas. Cuando las metas son deseadas y relevantes para todos y cada uno de los miembros, el nivel de compromiso y pasión es muchísimo más elevado. Genera mucha más energía emocional. Los equipos más exitosos han descubierto este propósito común.

La experiencia me ha mostrado que este es uno de los aspectos más difíciles de clarificar. Pero cuando está claro y es compartido por todos, el equipo despliega una energía y una fuerza que le permite ir mucho más allá de lo esperado.

Existen técnicas que ayudan a definir el propósito de un equipo. En una reunión de unas pocas horas es posible obtener una primera aproximación, pero luego requiere ser refinado y profundizado. El propósito común responde a las siguientes preguntas:

¿Qué es lo que nos une?

¿Por qué hacemos lo que hacemos?

O ¿para qué hacemos lo que hacemos?

El sentido del trabajo

A nivel organizacional, tener un propósito común implica que el equipo existe porque tiene algo más grande con lo que contribuir a la sociedad. Si está claro ese propósito, cuando se contratan personas, desde el día uno, se las integra al desafío colectivo. El proceso de contratación es clave y, cuando hay un propósito, se puede verificar mucho mejor si la persona que está siendo considerada para la posición es la más adecuada. Además, permite ser más claros, exigentes y honestos con la persona porque muchas veces el proceso de contratación solo se basa en los requerimientos del cargo sin aclarar lo más significativo: el propósito último del trabajo, esa razón más grande que une a los que trabajan en la organización.

Cuando este propósito existe, cada una de las unidades (Comercial, Finanzas, los equipos de procesos o de proyectos, etc.) pueden definir su propio propósito alineado al de la organización y dar un sentido mucho más significativo a cada unidad y por lo tanto a cada uno de sus miembros.

¿Por qué trabajamos?

En una organización cuyos objetivos económicos se expresan en términos de facturación y rentabilidad (por usar solo dos indicadores) y las personas sienten que solo de eso se trata, entonces esas personas querrán lo mismo, aumentar su propia facturación y su rentabilidad. Muchos tendrán una relación transaccional con su trabajo. Llegarán a la oficina, harán su tarea y se irán. Será un intercambio en el que las personas entregan su trabajo y reciben una compensación económica. En una organización con un propósito superior las personas desarrollan un sentido de pertenencia, se sienten orgullosas de integrarla, y su conexión es primero emocional y luego económica. De todas las personas exitosas que conozco, los más felices y más exitosos son los que están en organizaciones por una razón más grande que ellos mismos. No los impulsa la necesidad o una relación de intercambio de beneficios. Los impulsa la pasión, algo mucho más profundo y más significativo. Sienten que lo que hacen, importa.

Servir a un propósito versus a un resultado financiero es otro juego. Cuando se sirve a un propósito la organización se transforma en un lugar donde las personas sienten que contribuyen a algo superior y por lo tanto su compromiso es de otro nivel.

Impactar en otros

Cuando reconocemos el impacto que tiene en otras personas nuestro trabajo, lo que hacemos toma otra dimensión, especialmente cuando esas personas son importantes para nosotros. Por eso para descubrir el propósito tenemos que entender el impacto de nuestro trabajo en los demás.

La selección uruguaya

El 30 de junio de 2018 Uruguay enfrentaba, en octavos de final, a Portugal en el Mundial de Rusia. Portugal era el último campeón europeo y en sus filas se destacaba Cristiano Ronaldo, elegido el mejor jugador del mundo en octubre de 2017. El equipo uruguayo era respetado, pero para muchos el claro favorito era Portugal. Antes de empezar el partido, el capitán de la selección uruguaya, Diego Godín, arengó a sus compañeros: "Hoy jugamos por la madre, el padre, la familia, el amigo, el vecino, así que ningún esfuerzo es chico". Las palabras de los capitanes previas a los partidos están generalmente cargadas de mensajes de este estilo. Apelan a emociones profundas, a mensajes que van más allá de ganar la competencia. Apelan a concentrar la energía emocional necesaria para lograr el gran desafío que tienen por delante.

Uruguay finalmente venció 2 a 1. Esas palabras de Godín seguramente no fueron la única razón. Pero fueron importantes, porque lo que se vio en la cancha era que los jugadores uruguayos no estaban jugando con el fin de sumar una copa más a la vitrina u obtener un contrato mejor. Estaban representando a un pequeño país para el cual el fútbol es parte de su cultura y a una selección cuya camiseta vistieron antes jugadores que lograron cosas imposibles. Por más que el rival sabía que tenía individuos técnicamente superiores, sabía también que jugar contra un equipo así no iba a ser fácil, pues ese otro equipo tenía "algo más", un propósito profundo que activaría una energía emocional descomunal.

La selección uruguaya, más allá de sus logros futbolísticos, les ha enseñado a los uruguayos que esas actitudes que ellos llevan al deporte, también son actitudes de vida con las que podríamos lograr mucho más. Les ha enseñado a las organizaciones que si "dejan todo en la cancha" lograrán los resultados deseados.

Autenticidad

El propósito debe ser auténtico. No es un eslogan pegadizo o marketing liviano. Las personas con mayores cargos deben ser el ejemplo vivo de ese enunciado y todas las personas de la organización deben vivirlo con intensidad. Cuando las personas encuentran ese lugar donde vale la pena ir cada día, van a ser los más entusiastas y pondrán su mayor esfuerzo sin que se lo pidan. A la vez, serán los críticos más duros si ven que alguien en el equipo no está comprometido. En particular, con sus jefes. Por eso el propósito no puede ser simplemente un conjunto de lindas palabras. Al igual que los valores, es algo genuino que todos sienten, todos los días, que guía sus comportamientos y los inspira.

Hombre en la Luna

Cuentan que, durante una visita al centro especial de la NASA en 1962, el presidente John F. Kennedy vio a un limpiador con un escobillón. Interrumpió su *tour*, se acercó al hombre y le dijo: "Hola, soy John Kennedy. ¿Qué está haciendo?". El limpiador le respondió: "Bueno, Sr. Presidente, estoy ayudando a poner a un hombre en la Luna". Ese trabajador tenía un propósito profundo para su trabajo.

Un porqué para vivir

En *No más Pálidas. Cuatro Actitudes para el Éxito* Enrique Baliño escribe: "Los líderes deben usar el sentido de propósito y los valores como herramientas constituyentes del equipo y vivir estas declaraciones compartidas en cada uno de sus actos. La diferencia no radica en el contenido escrito, sino en la atracción que produce en los miembros del equipo".

Cuando se tiene un propósito común, eso dispara el nivel de compromiso de cada uno de los miembros hacia el equipo. Además, un propósito tiene la capacidad de generar resiliencia, lo que permite atravesar momentos difíciles que, sin lugar a duda, siempre ocurren. Las personas comprometidas con algo más grande, más importante, desarrollan una capacidad de resistencia superior, y en los momentos difíciles es cuando esa capacidad sale a flote. En esos momentos claves animan a sus colegas, contagian energía y empujan más allá de las dificultades. Como lo decía Victor Frankl, sobreviviente de campos de concentración durante la Segunda Guerra Mundial y autor del libro *El hombre en busca de sentido*: "El que tiene un porqué para vivir, es capaz de soportar cualquier cómo".

En algunas organizaciones a veces no hay claridad en estos aspectos. A veces no están claras las metas y menos aún el propósito común.

El propósito refleja algo más profundo, como nuestros valores, nuestro ideal y hasta, quizás, nuestra misión en la vida. La meta tiene que ver con la realización de proyectos que nos permitan realizar nuestro propósito. Por lo tanto, el propósito está primero y de él deberían derivarse las metas a lograr.

A veces ocurre al revés. Las personas se juntan porque quieren lograr algo específico, una meta desafiante. Al inicio se les hace difícil verbalizar y expresar con claridad cuál es su propósito. En el viaje lo pueden ir descubriendo. Y en los hechos, luego de un tiempo de trabajo en equipo, quienes continúan y se mantienen unidos generalmente es porque comparten ese propósito común.

El propósito y las decisiones diarias

Un propósito es algo duradero que da significado a lo que hacemos, pero además tiene una utilidad práctica a la hora de la toma de decisiones en la organización. Por eso es necesario referirse al propósito en forma continua y reflexionar sobre este en forma individual y colectiva. Cuando los equipos recurren sistemáticamente al propósito como elemento de alineación, este se transforma en una fuerza muy poderosa de energía y resiliencia. Por ejemplo, si un equipo tiene varias alternativas y sus miembros discrepan acerca de la mejor decisión a tomar, la pregunta ¿cuál alternativa está más alineada a nuestro propósito?, puede ser clave para escoger el mejor camino.

En los momentos más críticos de un equipo, poner arriba de la mesa el propósito puede arrojar luz para tomar decisiones.

Un abrazo a la vida

En el caso del laboratorio que mencionamos al inicio, es muy distinto "producir medicamentos de alta calidad" que "darle un abrazo a la vida". Pocas palabras genuinamente elegidas pueden representar mucho. Si los ejecutivos de esa empresa utilizan este último enunciado para la toma de decisiones y si toda la organización lo vive como propio, lo utiliza y reflexiona sobre el propósito en las más mínimas tareas, la alineación y la energía emocional crecen. Si se preguntan todos los días ¿cuál es la mejor decisión, cuál es la mejor acción, para dar otro abrazo de vida?, seguramente sentirán el deseo de contarle a sus hijos sobre el impacto positivo que su trabajo tiene en los demás. No importa si se trata de un equipo de ventas, producción, distribución o administración.

Un equipo con un gran desafío pero además con un propósito común, se conecta racionalmente y también emocionalmente. Para que un equipo formado por personas competentes y complementarias se conecte también emocionalmente, lo que necesita es tener valores compartidos.

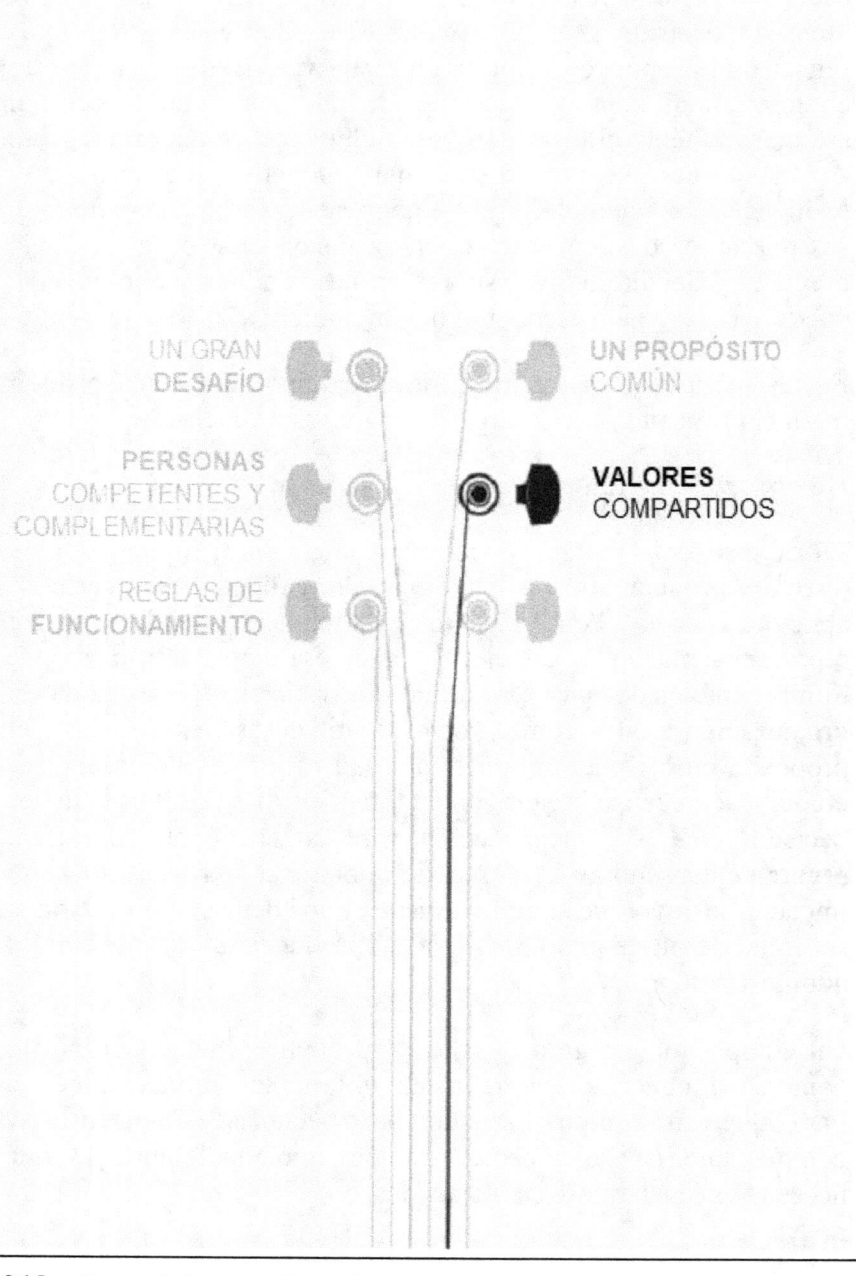

Capítulo 17

Valores compartidos

Varios clientes me han planteado una situación que les preocupa. La situación es la siguiente: en su equipo trabaja una persona que es muy buena técnicamente, algunas veces la mejor, pero que genera muchos problemas en el equipo. Hemos sido testigos de casos similares y lamentablemente también me ha tocado tener estos personajes en mi equipo, personas que no respetan los valores de la organización. Por ejemplo, en lugar de colaborar, se quejan y se enfrentan a los demás.

En el capítulo sobre "Personas competentes y complementarias" destacamos que la diversidad es un rasgo positivo. Las fortalezas distintivas de cada uno serán las que los definan y diferencien de los demás. La identidad de cada uno los distingue y esa identidad es valiosa para el equipo. Esas diferencias son las que permiten que *las debilidades de los individuos desaparezcan ante las fortalezas del equipo*. Esas fortalezas distintivas son las que potenciarán al equipo. En un equipo sólido, los miembros del equipo honran esas diferencias. Sabemos que somos distintos y valoramos esas diferencias porque nos hacen mejor equipo. Esas diferencias nos complementan.

Pero ¿pueden ser diferentes en todo?, ¿en sus valores?, ¿qué se debería hacer en esa situación que plantean los clientes?

Si bien honramos las diferencias, las apreciamos y las promovemos, hay algunas cosas en las que no puede haber ninguna diferencia. Esas son el conjunto de *valores compartidos*. Y no alcanza solo con declarar que compartimos los valores. Cada uno, con sus dichos y actos, debe demostrar que los "vive" todos los días. Los valores que se viven se hacen visibles en los comportamientos verbales y no verbales de cada miembro del equipo en cada situación que enfrentan.

Los equipos de alto desempeño comparten un conjunto de valores que los diferencia de otros y que les genera una *identidad* específica como equipo. Esos valores se reflejan en actitudes y comportamientos.

¿Qué son los valores compartidos?

Nuestros padres, abuelos o tutores, maestros, etc., nos trasmitieron un conjunto de valores que nos guían en nuestro día a día. A estos principios rectores los llamamos *valores personales*. Nos permiten orientar nuestro comportamiento; nos indican qué hacer y qué no hacer. Son creencias fundamentales que nos ayudan a preferir, apreciar y elegir unas cosas en lugar de otras, o a tener un comportamiento en lugar de otro. En definitiva, determinan nuestros criterios de toma de decisiones y acciones.

Diferencia con los valores personales

Cuando hablamos de *valores compartidos* no nos referimos a esos *valores personales*. Nos referimos a los principios colectivos que guían el pensamiento y las acciones de todos los miembros del equipo. Son una guía en el cumplimiento de nuestra misión como equipo. Son el "cómo" hacemos lo que hacemos. Porque no se trata de lograr los resultados "de cualquier manera".

Los valores compartidos —colectivamente vividos— generan en una organización mucha más energía emocional y permiten tener resultados colectivos superiores. Además son una fuente de identidad para el equipo. Los buenos equipos están orgullosos de sus valores y cada uno de los miembros *los vive, los defiende y los custodia*.

Los valores personales y los valores compartidos por un equipo no son lo mismo, pero evidentemente deben estar alineados. Una persona cuyos valores personales están en conflicto con los compartidos es probable que abandone el equipo o, si no puede hacerlo, quizás no se comprometa y se limite a cumplir su rol dentro de su horario y poco más. Por otro lado, cuando los valores compartidos son realmente valorados, cuando un individuo tiene un comportamiento que va en contra de estos, es llamado al orden en forma inmediata sin que importe quién tiene más autoridad formal. Cuando esto ocurre queda en evidencia que los valores compartidos realmente se viven y no son solo una declaración. Esto demuestra que todos los miembros "quieren" trabajar de una manera determinada y que no están dispuestos a tolerar comportamientos que van en contra de esa forma.

Comportamientos observables

Muchas veces las organizaciones despliegan en su recepción hermosos cuadros con las definiciones de sus valores. Estas piezas de comunicación pueden ser útiles, pero son una parte ínfima de la ecuación. Los valores no son visibles. Impulsan las actitudes, que tampoco son visibles. Lo que es visible en las personas son los *comportamientos*, lo que efectivamente hacen. Cuando hablamos de valores compartidos, hablamos de los valores *vividos colectivamente*, y solo se puede saber si se viven cuando se observan los comportamientos.

Los valores compartidos están presentes en *todas las decisiones que se toman*: decisiones de negocios, técnicas o con las personas.

Definición clara

Los verdaderos valores de una organización son los *comportamientos* que realmente son *valorados* en las personas. Decir que valoramos los comportamientos quiere decir que tomamos decisiones y acciones según los comportamientos observados. Las organizaciones que realmente valoran los valores deciden y actúan en base a ellos: *contratan, reconocen y promueven* a quienes demuestran esos comportamientos en el día a día y *corrigen, sancionan o desvinculan* a quienes no. Estas decisiones no son menores y muchas veces son menores y muchas veces son difíciles de tomar. Sin embargo, son las decisiones que demuestran que el equipo está realmente comprometido con los valores.

Por eso es tan importante la definición de los valores. Y requiere precisión en términos de comportamientos observables. No alcanza con una macro-definición. O una definición vaga. Se necesita definir y acordar *lo que sí queremos y lo que no toleramos*. Esta definición no puede ser hecha en forma liviana. Implica acuerdos y detalle. Y, por supuesto, el involucramiento en la definición y acuerdo de todos los miembros del equipo.

Hemos ayudado a muchas organizaciones a definir clara y específicamente los valores, y el proceso que aplicamos implica una discusión detallada desde la cima de la organización e involucra a la mayor cantidad de personas de la organización. Cuando los equipos hacen este proceso, se ponen de acuerdo en las definiciones en detalle. El desafío luego es que esos comportamientos los vivan en el día a día. Cuando alguien no lo hace, se requieren medidas de corrección. Hay que tomar acción. Las conversaciones de *feedback* oportunas sobre estos comportamientos deben ser claras y precisas. Es necesario entender por qué alguien no se comportó como se esperaba, pero al mismo tiempo ser firme para asegurar que se viven realmente esos valores declarados. Si los comportamientos no tolerados se siguen repitiendo, se deberá desvincular a la persona.

El poder de los valores

Debo admitir que, como ingeniero, muchas veces veía el tema de valores como algo más bien etéreo. No entendía su poder en la organización. Pero aprendí a apreciarlo y a darle la magnitud que merece. Los valores tienen el poder de atraer a aquellas personas que los comparten. Estar en un equipo con personas con los mismos valores hace que nuestro trabajo sea más disfrutable. En cambio, cuando no se comparten, repelen. Por ejemplo, imaginemos que una persona ingresa a una organización y en el primer mes descubre a dos colegas robando. Lo reporta inmediatamente a su jefe y nada ocurre. Luego observa comportamientos extraños de su jefe y confirma que él también está involucrado. En una organización en la que no se valora la honestidad, hay dos caminos: ser un ladrón o ser cómplice. Una persona honesta seguramente no tolere más la situación y renuncie a esa organización.

Sin ir a un ejemplo tan extremo, yo disfruto mucho trabajando en equipo, y si ingreso en una organización donde me doy cuenta que cada uno juega su propio partido, nadie ayuda a nadie, en las reuniones las personas se destratan y a veces observo que alguno trata de perjudicar a un compañero, la pasaría muy mal. Seguramente duraría muy poco tiempo en esa organización.

Poder enorme e invisible

Los equipos deben hacerse una pregunta determinante:

¿Con qué clase de personas queremos trabajar?

La respuesta a esta pregunta nos lleva directamente a los valores del equipo, que deben ser definidos, detallados y vividos todos los días, por todas las personas y muy especialmente por quienes tienen el mayor poder jerárquico: los jefes. Deben ser vividos en cada acto, en cada conversación, en cada comportamiento. Porque *enseñamos lo que sabemos, pero contagiamos lo que somos.*

El "valor" imprescindible

Si bien cada equipo tendrá un conjunto de valores compartidos que los diferencie de otros equipos y que les genere su propia identidad, hay una base mínima, que cualquier equipo debería tener, porque si no difícilmente serán un equipo que logre sus desafíos en forma sistemática.

Una de las cuatro actitudes que Baliño señala en su libro es la *actitud de equipo*. Esta actitud es una condición absolutamente necesaria, imprescindible para que exista un equipo.

La actitud de equipo es la actitud de dar lo mejor de uno mismo y estar dispuesto a hacer lo que sea necesario para que el equipo gane.

Para lograr resultados significativos, se necesita que cada uno de los miembros sienta que ese logro es lo más importante y que, por lo tanto, no importa la posición en la que cada uno juegue, debe ser funcional al equipo. Cuando se tiene esta actitud, la persona tiene la profunda convicción de que la prioridad es el bien del equipo por sobre el de cada individuo. En los equipos de alto desempeño esta disposición al "sacrificio" está profundamente arraigada en cada uno de sus miembros. Más aún, están tan orgullosos de sentirla que incluso no sienten que se sacrificaron para que el equipo ganara, aun cuando en los hechos eso fue lo que hicieron.

Las personas con actitud de equipo generan en el resto la sensación de "puedo contar contigo, sé que vas a estar ahí...". Cuando los miembros genuinamente renuncian al "yo" por el "nosotros" y a nadie le importa quién se lleva el crédito, es allí donde la "magia" aparece, donde crecen las posibilidades de resultados extraordinarios.

Algunas características observables de las personas con actitud de equipo es que disfrutan con el logro de otros miembros y del equipo, dan lo mejor de sí mismos, se "sacrifican" por el equipo, evitan el ego, reconocen sus errores y están dispuestos a modificar sus posiciones.

Un caso particular se da cuando uno de los integrantes del equipo brinda aporte muy por encima del resto. Una tendencia bastante común es la de crear un equipo de jugadores secundarios que gire en torno a esa figura.

La situación de un equipo con una "estrella" la analizamos en la historia de la banda de rock y de la empresa Audio UY. Pablo, el líder de Espinas, la banda que integra el Pájaro, y Otero en Audio UY, son figuras que se destacan muy por encima de los demás, pero sin embargo tienen una clara actitud de equipo. El Pájaro destaca que Pablo "nos motiva a crear y a participar, nos motiva a desarrollarnos, porque sabe que la banda va a sonar mejor, y si la banda suena mejor a él también le va a ir mejor". Esos "cracks" son cracks no solo por sus propios desempeños, sino porque hacen jugar mejor a todos, logran que todos brillen con luz propia.

Responsabilidad individual

Para ser un buen jugador de equipo es necesario tener *actitud de responsabilidad*: ser responsable individualmente y cumplir con la parte que a uno le toca hacer.

Esta actitud la vimos cuando definimos lo que significa ser un buen jugador (Personas competentes y complementarias), cuando hablamos de la fórmula "ganar, ejecutar, apoyar al equipo". La primera responsabilidad es la de "ganar": lograr los resultados deseados del rol. La segunda es la responsabilidad de ejecutar: dejar todo en la cancha, hacer todo lo que hay que hacer, sin excusas. La tercera responsabilidad es la de ser parte del equipo: ayudar y apoyar.

Se debe tener un especial cuidado en que los miembros mantengan un balance adecuado entre la responsabilidad individual y la actitud de apoyar al equipo. Hay personas que se escudan en forma sistemática en la ayuda que les dan a sus colegas para justificar que no cumplieron con su rol y esto dista mucho de lo que es la actitud de equipo. La solidaridad es necesaria, pero no es suficiente.

En la historia de la orquesta sinfónica, una de las condiciones para seguir que plantearon varios músicos, entre ellos Mary, fue sustituir a aquellos músicos que no le ponían ganas, no colaboraban y además generaban problemas. O sea, a los "pálidos", a los que no tenían una actitud positiva. Otro ejemplo de pálido es Rodríguez, el jefe de compras en la historia de la constructora, que era un especialista en encontrar problemas.

Si bien cada equipo debe acordar en detalle los comportamientos que se esperan de todos los individuos, la actitud de equipo es una condición básica y necesaria. A todos los equipos que hemos tenido la oportunidad de acompañar les hemos sugerido que comiencen por entender y afinar la definición de esta actitud y que la traduzcan a comportamientos precisos.

Para terminar, volvamos a la pregunta inicial que me plantearon varios clientes: ¿Qué se debe hacer cuando en el equipo hay una persona técnicamente excelente pero que no vive los valores de la organización y del equipo?

Nuestra recomendación es contundente. Se desprende de lo dicho anteriormente, y es la misma que presentamos en el caso de Osvaldo, de Intelligenzias. Primero se deben agotar las instancias con la persona para que corrija sus comportamientos. Si no hay cambios, lo mejor es armar un plan para sustituirlo y despedirlo. Una persona que no vive los valores, alguien que se queja, que no colabora, que genera enfrentamientos en el equipo, no puede continuar. Aunque implique un costo económico, más trabajo y riesgos en el corto plazo, una persona así en un equipo daña severamente un aspecto clave en los equipos de alto desempeño: la confianza.

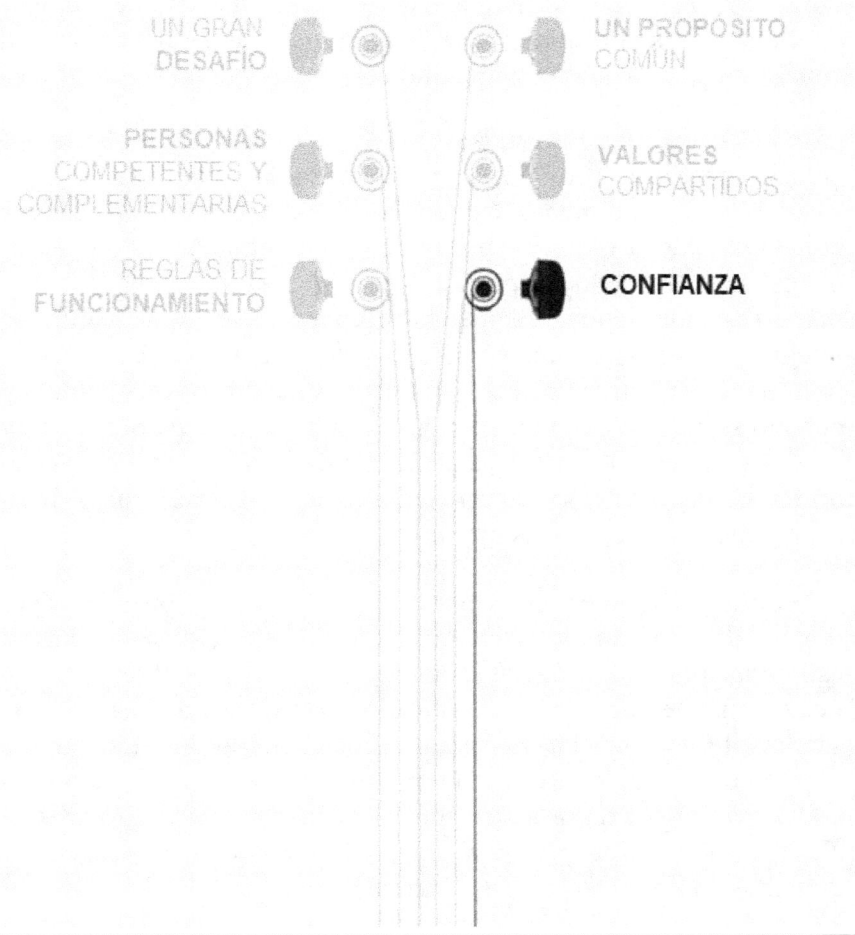

Capítulo 18

La confianza

Una pregunta que con frecuencia me hacen es: si cada uno hace lo que tiene que hacer ¿para qué precisamos que haya confianza?

Algunas personas me han cuestionado que sea realmente necesario. Me han hablado de equipos que trabajan en forma remota, casi ni se conocen y sin embargo cada uno hace lo que tiene que hacer y el equipo funciona.

Otras personas me dicen que sí, que sería mejor que hubiera confianza. "Ojalá que la gente se lleve bien", pero parecería que cuando ocurre es algo casual, resultado del azar.

Yo no tengo ninguna duda. La magia de un equipo aparece cuando emerge la confianza. La confianza no se decreta, se gana y es lo que finalmente evidencia la existencia o no de esa conexión emocional más profunda. La confianza es un factor estrechamente ligado a todos los factores antes mencionados. Hay mayores posibilidades de que florezca en un equipo cuando lo integran personas competentes con valores compartidos, cuando hay metas colectivas claras, cuando hay un propósito común y cuando se trabaja con una estructura clara y conocida por todos y con reglas de funcionamiento. Si esto no existe, es como pretender que una rosa crezca en un desierto. Puede ocurrir, pero las condiciones no son las más propicias.

La confianza requiere de tiempo. Cuando las personas trabajan juntas, demuestran que son competentes en lo que hacen, se esfuerzan por lograr metas compartidas, viven conflictos y los resuelven, se apoyan en situaciones complejas hasta que finalmente se conocen y sienten aprecio por los demás: en ese momento es cuando emerge la confianza. Si pasa el tiempo y esto no ocurre, es necesario enfrentar la situación y hablar con claridad. Y si después de conversar sigue sin ocurrir, entonces es el momento de tomar otra clase de decisiones.

Cuando un equipo se conforma por primera vez, las personas no desconfían de sus colegas, pero tampoco confían. La confianza se construye cuando cada persona le demuestra a sus colegas que se hace cargo de sus responsabilidades, hace lo que tiene que hacer, hace esfuerzos adicionales cuando es necesario, se lo pidan o no, y espontáneamente ayuda a sus compañeros si lo necesitan.

La capacidad de colaborar

Para Google los equipos son un factor crítico de éxito. En el capítulo 1 mencioné brevemente que en el año 2012 Google comenzó una investigación a la que llamó Proyecto Aristóteles. en la que estudió durante dos años a 180 equipos. El objetivo era encontrar los factores que explicaban por qué algunos de sus equipos tenían mejor desempeño que otros. Como eran equipos de su propia empresa, el estudio se basa en datos objetivos sobre los resultados reales de cada equipo y sobre sus miembros. Una de las conclusiones más reveladoras fue que *la superioridad individual es menos importante que la capacidad de colaborar.* Los equipos con los jugadores de mayor capacidad técnica individual que colaboraban de forma limitada obtuvieron peores resultados que aquellos equipos con menor capacidad técnica individual pero con gran capacidad de colaborar.

Cinco factores

En ese estudio, Google destacó cinco factores que están presentes en los equipos de alto desempeño. Estos son:

Seguridad psicológica: Sus integrantes no tienen miedo de correr riesgos, ni se sienten vulnerables frente al resto de sus colegas. No les da vergüenza expresar sus ideas porque se sienten seguros en su grupo.

Dependencia: "Puedes contar conmigo". Los miembros confían los unos en los otros y saben que el trabajo estará hecho a tiempo y con buena calidad.

Estructura y claridad: Cada miembro del equipo sabe cuál es su función, y los planes y los objetivos del equipo.

Trabajo significativo: El trabajo no solo es trabajo. También tiene una relevancia personal para cada integrante del equipo.

Impacto: A los miembros del equipo les importa que un proyecto se entregue a tiempo, pero también el propósito de su trabajo. Se cuestionan qué impacto tendrá y qué consecuencias y cambios provocará.

Cuando un miembro del equipo atenta contra cualquiera de estos factores, estará afectando negativamente el desempeño total del equipo. Quizás su desempeño individual sea bueno pero este estudio demuestra que no es bueno para el equipo porque perjudica el resultado final global.

Los cinco factores mencionados por Google están considerados en las cuerdas que presentamos en este modelo.

La seguridad psicológica

Es primordial destacar que el primer factor, el de la seguridad psicológica, es según Google, por lejos, el más importante y determinante de un equipo de alto desempeño.

La seguridad psicológica es un dato clave, fácilmente visible, que muestra la existencia o no de confianza. Si en el equipo un miembro hace que los demás sientan inseguridad al expresar sus ideas, o que se sientan vulnerables o cuestionados, no es bueno que siga en el equipo. La inseguridad provoca que las personas se retraigan o se cuiden y eso atenta contra el alto desempeño.

La importancia de la capacidad de colaborar va más allá de los equipos de fútbol, las bandas musicales o las organizaciones empresariales. En el capítulo 1 de este libro, también mencioné brevemente el libro *De animales a dioses*, de Yuval Noah Harari. El autor explica cómo los *Homo sapiens* pasaron de ser uno de los animales más débiles físicamente a gobernar el planeta casi como si fueran "dioses", como expresa en el título. A priori uno podría suponer que la diferencia entre el *Homo sapiens* y el resto de los animales fue el cerebro, la razón o inteligencia. Sin embargo, el hombre de Neandertal *(Homo neanderthalensis)*, según el autor, también era inteligente. Tenía un cerebro más grande que el del Homo sapiens, y por si eso fuera poco era más musculoso. En el cine generalmente se presenta al neandertal con un arquetipo bestial y estúpido. Pero si se compara una reconstrucción de una imagen de un niño hecha por científicos y una foto de un niño europeo de la actualidad difícilmente se pueda determinar cuál es cuál.

¿Cómo puede ser que los neandertales, que eran superiores en lo individual, más fuertes y con un cerebro más grande, se hayan extinguido y el *Homo sapiens* haya sobrevivido? Harari sostiene que el factor "ganador" de los *Homo sapiens* en la batalla con neandertales no fue la inteligencia, sino la capacidad de colaborar a gran escala de forma flexible. Los neandertales también podían colaborar, pero los individuos de tribus vecinas eran vistos como enemigos y no confiaban en ellos. Su capacidad de colaboración se restringía solo a su tribu. Los *Homo sapiens* lograron colaborar a mayor escala y por eso hoy seguimos aquí. Nuestra propia especie demostró –y sigue demostrando– que cuando se trabaja en equipo, cuando se colabora, se impone aun cuando tenga que enfrentar a individuos superiores.

La confianza es determinante en la capacidad de colaboración, pero no se puede decretar. Todo grupo que quiera convertirse en un equipo de alto desempeño tiene que trabajar para cultivarla y tiene que estar dispuesto a pagar su precio. Crece, al igual que una flor, cuando hay un ambiente propicio, libre de maleza. El precio que se debe pagar es asumir las consecuencias de prescindir de aquellos individuos a quienes les importa más el "yo" que el "nosotros", más preocupados por su ego, o su imagen, que por sus colegas y el equipo.

Serotonina y cortisol

Si bien la confianza parece ser algo invisible, tiene una explicación biológica profunda.

El cerebro de los seres humanos reacciona ante los eventos que nos circundan con un mecanismo inmediato que dispara una cascada de hormonas de estrés o de neurotransmisores.

La confianza está estrechamente vinculada a la serotonina, a la que se conoce como el "neurotransmisor del bienestar". En el libro *The Confidence Code* sus autoras, Katy Clay y Claire Shipman , analizan el tema de la confianza y se hacen varias preguntas.

Una es: ¿Hay un gen de la confianza? La respuesta es que "es el gen que transporta la serotonina, llamado SLC6A4, que regula los niveles de serotonina".

Las personas, cuando sienten confianza, tienen mayores niveles de serotonina y de bienestar. Cuando los miembros de los equipos tienen esa sensación de bienestar, pueden ser tal cual son, pueden ser auténticos. Son coherentes con lo que sienten, piensan, dicen y hacen. La seguridad psicológica aumenta.

Por el contrario, cuando en el ambiente predominan las emociones negativas (Miedo, Enojo, Vergüenza…) el cerebro produce cortisol, que es la hormona del estrés y que activa la reacción conocida como lucha-huida. Esta respuesta es la evolución del mecanismo de supervivencia que permite a los humanos y a otros mamíferos reaccionar rápidamente a situaciones de peligro de vida.

El "soporte social" que proveen los miembros del equipo a sus colegas, generándoles confianza, los hace sentirse contenidos en tiempos de estrés y crisis.

Cómo crear confianza

La falta de confianza entre los miembros del equipo es letal, quizás es la disfunción más crítica. Las personas no hablan de forma clara delante de sus colegas. Se genera un ambiente de miedo, tensión y rumores. Las consecuencias son la falta de compromiso, la imposibilidad para lograr los resultados y la destrucción de la moral.

Hemos observado que muchas veces los miembros de los equipos y en particular los jefes no quieren ver estos problemas o los minimizan. Reconocen con más facilidad un problema de infraestructura (por ejemplo: hay un vidrio roto), que por supuesto debe ser corregido, pero les cuesta mucho más ver estos problemas más profundos y con un impacto negativo mayor. Muchas veces los atribuyen a cosas pasajeras e incluso hay quienes consideran que ese relacionamiento es normal entre las personas.

Alegría no es lo único que hay en un equipo. Como ya señalamos, en un equipo sólido los integrantes tienen discusiones intensas y se reclaman unos a otros por resultados y acciones. Esta tensión es sana y más que bienvenida. Pero cuando se destruye la confianza, puede ser un punto sin retorno.

Por eso es tan importante construirla. Y, por más obvio que parezca, algunas cosas básicas tienen que ser repetidas una y otra vez.

Justicia, Honestidad, Competencia

La construcción comienza por la clara definición de valores y el compromiso expresado enfáticamente por todos y cada uno de los miembros.

La creación de confianza tiene algunos pilares. En primer lugar, la confianza se crea cuando cada uno de sus miembros crea valor para equipo. Esto significa que es competente, y que cuando le es asignada una tarea, la hace bien y en tiempo. Siempre hace todo lo que está a su alcance (con la fórmula Ganar, Ejecutar, Apoyar al Equipo) para resolver la situación y generar esa pieza necesaria en la construcción del resultado global, sin excusas.

En segundo lugar, se construye siendo honesto, genuino y auténtico. Se muestra tal cual es. Sus palabras y sus actos coinciden. Son naturales, no acartonados. Cumplen con sus promesas. Cuando se equivocan, lo reconocen y piden disculpas a quien corresponde. Viven los valores, no son solo declaraciones bonitas. En los momentos de crisis, cuando afloran los verdaderos valores de una persona, es cuando el resto del equipo comprueba qué tan genuina es.

Y por último, se construye confianza siendo justo, lo que sin duda es difícil. Las personas justas reconocen lo que está bien en los demás y en sí mismas y lo expresan con claridad. Cuando los miembros del equipo, o aún peor, el jefe, lo *único* que hacen es señalar lo que está mal (y peor aún es cuando lo hacen delante de todos), lo que hacen es destruir la confianza. *"Ser bueno es fácil, ser justo es difícil"*, Victor Hugo.

Las conversaciones "laborales"

En la tercera cuerda, reglas de funcionamiento, hicimos mención a las características de las conversaciones que mantienen los equipos de alto desempeño. Se puede evaluar el nivel de confianza de un equipo simplemente observando si las conversaciones son abiertas, francas, informales y conclusivas.

Las conversaciones "humanas"

En los equipos sólidos, los miembros están interesados no solamente en los resultados. Les interesan también los otros miembros del equipo. Se preocupan por las personas, y no solo por "las cosas" que producen las personas. Este aspecto humano, clave y fundamental de los grandes equipos, hace que crezca la confianza, la seguridad psicológica de la que habla Google. Las conversaciones no son solo sobre datos, cifras y resultados. También hay conversaciones donde interesa y mucho cómo se encuentra el otro. Cuando las personas pueden expresar sus sentimientos y sienten que son cuidadas por sus colegas, se construye confianza. Eso naturalmente lleva también a que las personas compartan con su equipo sus alegrías personales, como el nacimiento de un hijo o la compra de su primer vehículo.

Las conversaciones "humanas" son parte intrínseca de aquello que genera cercanía entre los colegas y que los hace disfrutar de su compañía. Compartir esas alegrías y tristezas es parte de la creación de confianza imprescindible en el equipo.

Entender lo que le pasa al otro ayuda a comprender si está teniendo algún comportamiento diferente en el trabajo y a no hacer conjeturas equivocadas. Es el caso de Mary, que pensó que una colega tenía problemas con ella. Tuvo una conversación mano a mano y se enteró de que su colega estaba pasando por un momento personal difícil, cambió su posición y mejoró su relación.

A veces se confunde la creación de un ambiente de confianza con realizar actividades divertidas. Si bien estas actividades pueden contribuir a la interacción, la confianza no se construye solo con estas herramientas.

Lo que verdaderamente construye la confianza es enfrentar un desafío juntos, obtener logros, superar las adversidades y los conflictos, colaborando en forma abierta e intensa en el proceso. Entonces, más allá de hacer actividades divertidas, si quiere que dos miembros del equipo incrementen su confianza mutua, haga que compartan un desafío que los presione y los haga sentir que pueden triunfar o fracasar juntos.

Cuando se hace esto, se define lo que es común –el desafío– y se aprovecha lo diferente –la complementariedad–. Cuando cada uno de los miembros logra reconocer las fortalezas en los otros y, por lo tanto, valorar sus aportes para lograr algo más grande, algo mejor, la confianza entre ellos se instala.

La construcción de la confianza implica dos cosas a la vez: ser competente, entregar resultados, que es un factor racional, y construir un ambiente donde ninguno se siente vulnerable, sino fortalecido por sus colegas, que es un factor emocional.

Para desarrollar un contexto propicio en el que florezca la confianza es necesario fomentar en forma permanente que las personas se conozcan entre sí, para que puedan entenderse y empatizar. Pero con eso no alcanza. Si una persona no es competente y/o no vive los valores compartidos del equipo, se pone en riesgo la confianza de todo el equipo y por lo tanto estos dos virus deben ser erradicados en forma implacable. Esto requiere tomar decisiones difíciles, sin duda. Es el precio que un equipo debe estar dispuesto a pagar si quiere hacer germinar la confianza.

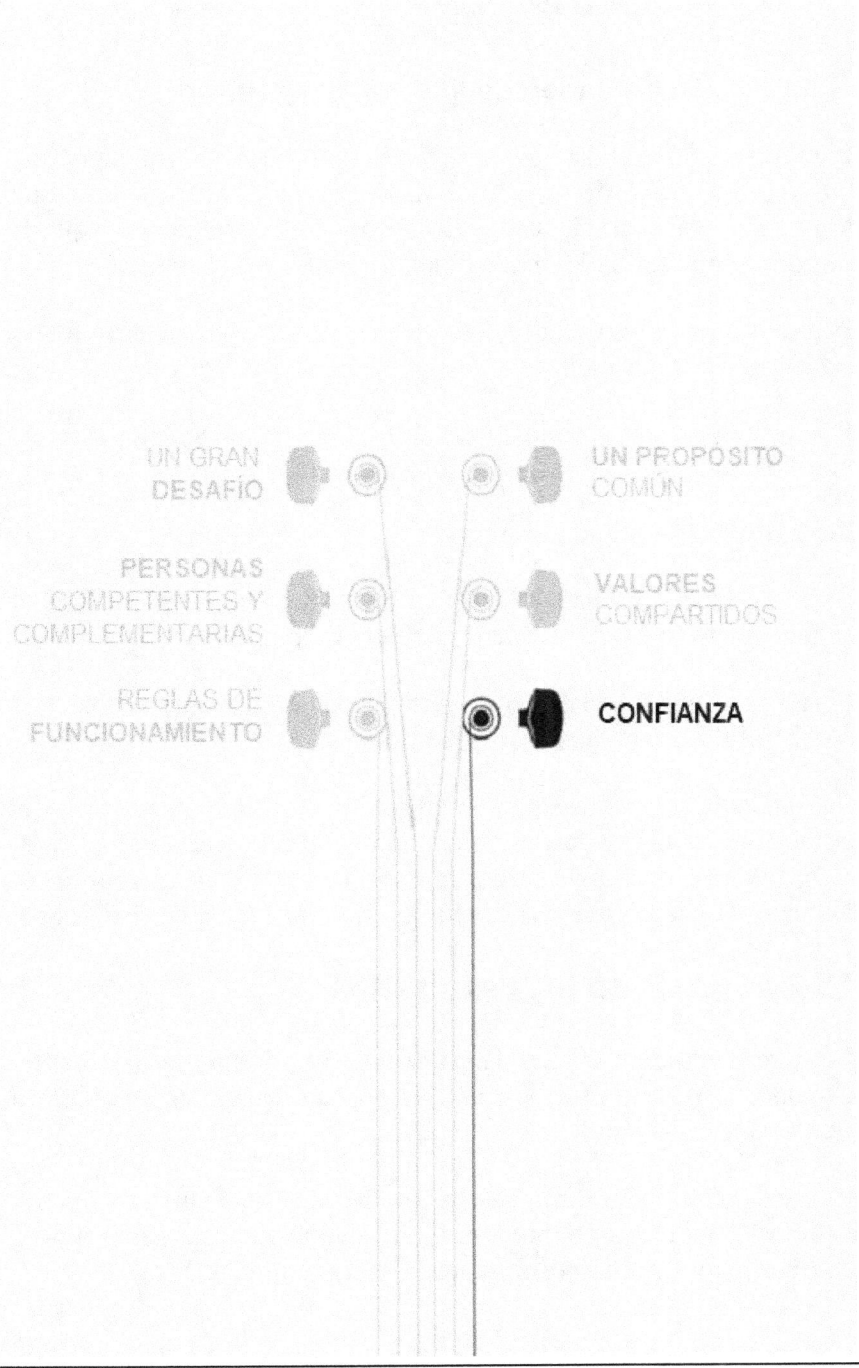

Capítulo 19

Habilidades de liderazgo y gestión

Para afinar una guitarra hay que saber cómo hacerlo (qué hay que mover, en qué orden, de qué manera), pero además hay que lograr que cada cuerda suene en la nota correspondiente y que la guitarra como unidad tenga su mejor sonido.

Alguien que no sabe de música o que no conoce el instrumento, no la puede afinar bien.

En resumen, para afinar una guitarra son necesarias ciertas habilidades.

Para afinar un equipo, también.

Si se aplican algunas técnicas y se siguen algunos consejos, seguramente se logre una mejora en el equipo.

Pero para lograr un equipo de alto desempeño lo que se necesita son habilidades de liderazgo y gestión.

Para ajustar la dimensión racional (el desafío, la composición del equipo y las reglas de funcionamiento) se requieren *habilidades de gestión*, y para ajustar la dimensión emocional (el propósito, los valores y la confianza) se requieren *habilidades de liderazgo*.

El "sonido" de los resultados

Lo que realmente dirige la afinación es el sonido resultante. Cuando uno siente que le gusta el sonido, sabe que su guitarra está afinada.

El "sonido" en la guitarra es el equivalente a los resultados en los equipos. Si el equipo no logra los resultados que se propone, entonces hay algo que está mal, se precisan ajustes.

Resultados reales

Es muy común escuchar la frase "en el fútbol los resultados mandan". Si un equipo no logra resultados seguramente haya cambios, empezando con el director técnico. Esto funciona así en cualquier organización y más aún en los equipos que pretenden ser un equipo de alto desempeño. Los resultados reales, (no los planificados) son los que definen a un equipo como de alto desempeño. Estos equipos no solo se proponen lograr resultados extraordinarios, ¡los logran!

Si el equipo no alcanza los resultados, es necesario tomar acciones con las personas, ajustar el desafío y/o cambiar las reglas de funcionamiento. Si un jugador del equipo no se hace cargo de sus responsabilidades individuales, se requiere tomar acción con esa persona, primero conversando y ofreciéndole ayuda, pero si no cambia quizá deba ser sustituida por otro jugador. Hemos visto equipos que ajustan la metodología de trabajo, por ejemplo reduciendo ciertos controles de calidad para cumplir con fechas exigentes. Hemos visto equipos que ajustan la composición de las personas para lograr algo diferente y también hemos visto ajustes en las metas para hacerlas más realistas en base a sus capacidades. El ajuste, obviamente, depende de las circunstancias.

Un equipo de alto desempeño no solo declara que aspira a conseguir resultados, los consigue.

No de cualquier manera

Para algunos individuos y equipos, lo único importante es ganar... de cualquier forma.

Muchas veces en un equipo entran en conflicto los valores y el logro de resultados en el corto plazo. Los valores nunca deben ser ubicados en un segundo plano. Son los que garantizan resultados duraderos y a largo plazo y aseguran el compromiso y la permanencia de las mejores personas. Un equipo de alto desempeño es un equipo que logra los resultados en el corto y en el largo plazo y del que las personas se sienten orgullosas de ser parte. Esto ocurre solamente cuando los resultados se logran viviendo los valores compartidos.

Habilidades para "afinar" un equipo

Un buen músico tiene ciertas habilidades que le permiten darse cuenta si su instrumento está desafinado y cómo corregirlo.

Lo mismo ocurre con un equipo. Se necesitan habilidades para reconocer cuándo un equipo está desafinado y también para ajustar cada una de las cuerdas buscando que todas ellas suenen armónicamente.

Conozco varios casos de equipos que, inspirados por otra empresa exitosa, introdujeron cambios profundos en su metodología de trabajo o su tecnología. Al no tener en cuenta las consecuencias que eso podría traer en otros factores claves del equipo, el desempeño empeoró en lugar de mejorar.

Observar a los mejores equipos nos permite aprender de ellos. Cuando un equipo o un individuo descubre, por ejemplo, una nueva forma de trabajar y la lleva a su organización, tiene implicancias que van más allá del cambio en sí mismo. Una nueva forma de trabajo impacta de forma directa sobre la tercera cuerda de la guitarra (Las reglas de funcionamiento) pero también afecta otras cuerdas, como la primera (El desafío) y en la segunda (Las personas).

En la primera cuerda se requiere analizar las metas del equipo y preguntarse si el cambio en la forma de trabajo es beneficioso o no. Puede serlo, pero quizás hay que esperar a un mejor momento para hacerlo.

En la segunda cuerda, es necesario preguntarse si las personas que hoy integran el equipo están preparadas para incorporar esa nueva forma de trabajo. Si la respuesta es positiva, es probable que algunas (o todas) las personas necesiten desarrollarse. Si alguna persona no tiene la capacidad de adaptarse al cambio, habrá que ayudarla o sustituirla. Quizás se necesite contratar personas con perfiles no existentes.

También hay que considerar si la nueva forma de trabajo está alineada con los valores y con el propósito del equipo. Si finalmente se concluye que es bueno realizar el cambio, eso exigirá liderar y gestionar la transformación para que se introduzcan los cambios técnicos y se asegure que las personas involucradas los van a incorporar.

La tercera cuerda, la de las reglas de funcionamiento, la que fue directamente modificada, también debe ser revisada, porque quizás sea necesario modificar los roles o los procesos, ajustar el sistema de reuniones, la forma en la que se toman las decisiones y la dinámica de diálogo entre los miembros del equipo.

Todo cambio además genera inseguridad en las personas, lo que puede afectar la confianza. Si alguien se siente amenazado, ¿de qué manera lo ayudaremos para que no se aísle? Lo mismo ocurre si hacemos un cambio en la cuerda uno, en el desafío, y por ejemplo, el nuevo desafío es más exigente. En ese caso debemos asegurarnos de tener a las personas adecuadas (segunda cuerda). Conocemos varios casos de equipos ejecutivos con muy buen rendimiento en una situación financiera estable. Cuando la situación financiera se deterioró, el equipo no supo resolverlo y la situación empeoró aún más. Una explicación es que quizás carecían de las habilidades necesarias para desempeñarse en un escenario adverso, o quizás las personas no estaban dispuestas a tomar decisiones difíciles. En esos casos, una de las soluciones es incorporar al equipo un ejecutivo con otro perfil, una especie de cirujano que haga lo que hay que hacer. Un problema financiero en una empresa, por lo general impacta también negativamente en la satisfacción de los clientes y en el clima laboral. Una vez corregido el problema, se abre una nueva etapa y se hace necesario ajustar todas las cuerdas, lo que muchas veces significa cambios en algunas personas del equipo. En resumen, en este último ejemplo una cuerda de la guitarra se desafinó y provocó que se desafinaran también las otras cuerdas. Luego fue necesario afinar toda la guitarra nuevamente.

Con estos ejemplos queremos mostrar algunas de las habilidades que se necesitan cuando se introduce un cambio en un equipo. Un cambio no afecta solo la cuerda específica, también tiene impactos en muchos otros aspectos del equipo, e incluso en los clientes. Los mejores equipos no solo integran los cambios provenientes del mundo exterior en forma más eficiente, sino que además se anticipan, los provocan, los lideran. El mejor momento para hacer cambios es cuando el equipo está teniendo buenos resultados. Esto parece claro, pero la actitud generalmente es la de que conformarse, la de "mejor no cambiar que así las cosas están bien". Cuando los resultados son malos no hay tiempo ni recursos para hacerlo y además las personas, cuando están presionadas, tienden a evitar el cambio. Los equipos de alto desempeño cambian permanentemente, especialmente cuando van ganando.

Para hacerlo se necesitan habilidades de liderazgo y de gestión. El liderazgo desarrolla e integra lo que impacta en la dimensión emocional y la gestión en la dimensión racional.

Habilidades de liderazgo

El liderazgo es el factor número uno de éxito de cualquier organización y es una de las habilidades determinantes en la formación y en el desarrollo de cualquier equipo. Se requieren habilidades de liderazgo para asegurarse de que existan valores compartidos, para descubrir un propósito común y para desarrollar la confianza entre los miembros del equipo. Cuanto más complejo es el desafío y más diferentes son las personas y sus intereses, más liderazgo se requiere.

El liderazgo es crítico para lograr una armonía entre todas las cuerdas.

No existe ningún equipo que esté en armonía todo el tiempo. En todo equipo hay conflictos, y los equipos de alto desempeño no escapan a esta realidad. En equipos conformados por personas apasionadas por su trabajo y por su desafío, es habitual que haya discrepancias y discusiones entre sus miembros. Cuando en un equipo se observa a individuos discutiendo vigorosamente sobre problemas o alternativas de solución, es un buen indicio de que se está ante un equipo valioso, comprometido y entusiasta.

Estas discrepancias son más que bienvenidas. La intervención de un "buen jefe" debería limitarse a asegurar que todos tienen voz en las sesiones y que se discuten apasionadamente los problemas, no las personas.

A veces, el problema no es el problema. Es alguna persona (o más de una persona) que no contribuye a los resultados o que no colabora en la construcción de un buen ambiente de trabajo. Cuando el equipo está maduro y los valores están claros y arraigados, una vez agotadas todas las instancias previas, el propio equipo es capaz de desvincular a aquellas personas que no los cumplen. Este proceso de selección - retención es determinante para la salud de cualquier equipo. Son decisiones difíciles pero necesarias. Sin embargo, por no tomar estas decisiones, muchas veces nos encontramos con equipos que luchan, sufren y tienen enormes dificultades para lograr el desafío asignado. Esta situación la describimos en el caso de Intelligenzias. El equipo ya había agotado todas las alternativas para corregir comportamientos negativos de uno de los miembros del equipo, y la desvinculación era inevitable.

Si el equipo no lo puede resolver por sí solo, entonces ¿quién tiene que hacerlo?

Jefes y líderes

Existe una gran confusión entre los cargos jerárquicos, los jefes y el liderazgo. Suele llamarse líder a la persona con mayor cargo jerárquico, pero lamentablemente esto no necesariamente es cierto. Jefe te nombra alguien, líder te nombran quienes te siguen.

En X^n utilizamos la palabra "jefe" para la persona con mayor cargo jerárquico dentro del equipo. Es la persona con la responsabilidad última frente a la organización. Puede ser un gerente de Área, un gerente de Proyectos, el dueño de un proceso, el responsable de una iniciativa, etc. Un jefe es cualquier persona con una responsabilidad formal y que debe trabajar con otros para lograr sus metas.

El jefe no es un superdotado, ni tiene dones especiales de clarividencia o características personales extraordinarias y que por lo tanto debe tomar todas las decisiones y ser consultado como si fuera un oráculo. Cuando un jefe actúa así es un mal jefe, porque las personas bajo su autoridad no asumen compromisos ni se desarrollan.

Pero tampoco es un buen jefe quien deja hacer todo al equipo y no interviene en nada. Si los resultados se logran y las personas del equipo están orgullosas de ser parte, quizá esta sea una buena estrategia. Pero si hay problemas con los resultados o con el clima debido a alguna persona y el equipo no puede resolver la situación, el jefe debe intervenir.

Los buenos jefes inspiran a las personas y hacen que las cosas pasen. Saben que no son sabios, que no son buenos en todo. De hecho, muchos de los mejores que he conocido son muy conscientes de sus debilidades y por eso forman equipos diversos, con personas con fortalezas y visiones complementarias. Las debilidades individuales se diluyen entre las fortalezas colectivas y gracias a esos distintos perfiles es posible tomar mejores decisiones.

En cualquier equipo, de cualquier tamaño, de cualquier tipo, el rol del jefe es irreemplazable. Es el último responsable de los resultados, del armado del equipo y del clima de la organización y, por lo tanto, debe asegurarse de que cada uno de los miembros del equipo cumpla con las responsabilidades individuales definidas, aporte valor al equipo y genere un ambiente sano donde la capacidad de colaboración pueda desarrollarse en forma vigorosa. Su responsabilidad más importante es asegurarse de que el equipo tiene las personas correctas en los lugares correctos. Un buen jefe es un excelente líder y un gerente eficiente y eficaz a la vez.

El liderazgo compartido

El liderazgo no está reservado solo para el jefe. Debe haber liderazgo en todo el equipo. Cada persona ejerce el liderazgo cuando le corresponde, según la situación y la decisión tomada. La capacidad de un buen jefe es dejar fluir esos talentos y capacidades de los miembros del equipo sin sentirse menospreciado o desautorizado. Los buenos jefes disfrutan de ese proceso, cuando ven que "el equipo decide". Como dijo una vez Joe Dumars, exjugador de la NBA: "En los buenos equipos es el *coach* quien hace a los jugadores asumir su responsabilidad. En los grandes equipos son los jugadores los que hacen a los jugadores asumir su responsabilidad".

El liderazgo tiene más que ver con las preguntas que con las respuestas. Al decir de Voltaire: "Juzga a un hombre por sus preguntas más que por sus respuestas". El liderazgo que desarrolla a los otros es el que pregunta: ¿Qué opinan?, ¿Cómo podemos validar eso?, etc., y se nutre de toda la inteligencia y experiencia de la organización.

Muchas personas se sienten incómodas cuando se habla de liderazgo compartido, pues sienten que se pierde la responsabilidad. Pero ambas cosas pueden ser logradas en forma simultánea. Por ejemplo, en el mundo Ágil promueven el liderazgo compartido sin perder la responsabilidad. Hay un responsable único de cada tarea y entregable y el equipo se reúne para asegurarse de que cada uno hace su parte. Respetan ciertos valores como foco, compromiso y respeto. Si una persona del equipo no adhiere a estos valores no debería formar parte de un equipo ágil. Lo anterior no significa que no existan jefes. Al igual que en los países, en los deportes o en cualquier agrupación humana, existe una jerarquía formal que, llegado el momento, tiene el derecho y la responsabilidad de actuar si existen conflictos o si los resultados están fuera de lo esperado.

Los mejores equipos se preocupan por su sustentabilidad tanto en términos de creación de valor (resultados) como en la capacidad de colaboración entre todos los miembros. Si todo anda bien el responsable es el equipo, pero si algo anda mal el responsable es el jefe. No es un buen jefe quien se escuda en el equipo para no tomar decisiones difíciles.

Energía emocional

El liderazgo debe generar motivación, palabra que significa "causa del movimiento". El intelecto ayuda a definir lo que cada uno debe hacer, pero lo que realmente moviliza es la energía interior. Los seres humanos nos movemos con combustible emocional. Las emociones pueden ser positivas o negativas, pueden destruir el movimiento, o generarlo e impulsarlo.

Hay dos fuentes de energía motivacional. La primera es interna: la automotivación. Es la capacidad que cada persona tiene para ponerse en movimiento. Varía con cada individuo, pero se puede cultivar. Para eso es necesario conocerse más a uno mismo. Cuando cada uno sabe cuáles son sus talentos, qué le agrada hacer, qué le apasiona y qué valor le puede dar a los demás y especialmente a aquellos que más le importan, puede generar combustible emocional para pasar a la acción. Se trata de descubrir el "propósito individual". Cuando un individuo alinea su propósito individual con lo que hace todos los días, se siente motivado, libera energía, porque el logro diario lo enriquece como persona y como profesional. Como dijo Confucio: "Elige un trabajo que te guste y no tendrás que trabajar ni un día de tu vida". La segunda fuente de energía es externa. Lo que vivimos, lo que ocurre a nuestro alrededor, nos genera emociones. Hay muchos factores que nos afectan. En los equipos, uno de los que más influye es el comportamiento de nuestros colegas. La energía y el liderazgo están íntimamente relacionados. Peter Drucker decía que "los líderes generan y dirigen las energías humanas". Hay personas que son capaces de liderarse a sí mismos, automotivarse, y también hay personas que pueden liderar a otras, o sea generar energía en los demás. Algunas personas con poder apelan más al cumplimiento y al temor. Contagian energía negativa. Pero hay otros líderes, que pueden ser jefes o quizás no, que entusiasman, que motivan.

Si se aspira a tener un equipo motivado, es necesario trabajar en el desarrollo del liderazgo de todos sus miembros.

En el fútbol, por ejemplo, el director técnico es quien tiene la responsabilidad principal sobre el equipo, pero no es el único líder. Está la figura del capitán, y hay jugadores claves que lideran el equipo en diferentes sectores de la cancha o en diferentes momentos del partido o incluso fuera de la cancha.

En las organizaciones, el jefe, la persona con la posición de más jerarquía y autoridad, al tener el mayor poder formal tiene mayor incidencia en la generación o destrucción de energía y motivación. Esto lo observamos en el primer director de la orquesta de Mary, cuya actitud negativa provocó el desánimo en varios músicos. El nuevo director fue clave para que esos músicos volvieran a sentirse motivados. Eso es lo que hace un líder.

Cuando la persona con mayor poder carece de habilidades de liderazgo, puede provocar el alejamiento de personas valiosas. En la empresa de construcción, Ernst Bitter, el director de Obra, era controlador al extremo, y quienes trabajaban con él empezaron a considerar la posibilidad de irse.

Si queremos tener un gran equipo necesitamos buen liderazgo a todo nivel. En el caso de quien ocupa el mayor cargo jerárquico, la capacidad de liderar, de generar y dirigir las energías humanas de una manera positiva no es algo deseable, es una condición de empleo.

Habilidades de gestión

Las habilidades de liderazgo, como vimos, son muy necesarias. Pero no son suficientes. Además de motivar a las personas, es necesario definir objetivos claros, hacer planes y asegurarse de que el equipo y cada una de las personas se hacen cargo de sus responsabilidades. Esto requiere habilidades de gestión.

Ejecución

Gestión es "hacer que las cosas pasen", pero no de cualquier manera. Es la *capacidad de sistematizar la ejecución y alinear a las personas para hacer que las cosas pasen en forma eficaz y eficiente.*

Por un lado, es necesario sistematizar la ejecución. Esto significa tener ciclos calendarizados en diferentes sesiones de planificación, monitoreo y para tomar acción, y finalmente evaluación y aprendizaje. Estos ciclos pueden ser largos, por ejemplo, anuales cuando estamos en un entorno predecible (algo que conocemos) o cortos, por ejemplo semanales. cuando estamos en un entorno ágil o con cambios permanentes.

A su vez, existen varias dimensiones a ser planificadas, monitoreadas y evaluadas. Un primer ciclo de nivel estratégico de definición de lineamientos y objetivos a 3 o 5 años. Luego se deben definir los objetivos o metas para el próximo período (de 3 meses a 1 año). A continuación, se deben definir las actividades necesarias para alcanzar dichos objetivos (planes, proyectos o procesos). Y, finalmente, definir qué recursos deben asignarse a cada una de las actividades (personas, herramientas o dinero/presupuesto).Todas estas dimensiones deben ser incluidas en el ciclo de planificación, monitoreo, acción, evaluación y aprendizaje.

Disciplina

En general a los latinos la disciplina no nos gusta tanto. Pero son los actos "decepcionantemente simples" los que habilitan el alto desempeño. Me refiero a ser puntuales, empezar y terminar en hora las reuniones, hablar en forma clara y sin rodeos, mantener el foco en el objetivo y no discutir sobre temas colaterales. La persistencia en el cumplimiento de estos elementos (los ciclos de planificación, monitoreo y evaluación) es la base del alto desempeño.

"Somos lo que hacemos de forma repetida. La excelencia, entonces, no es un acto sino un hábito" – Aristóteles.

Los mejores equipos que conozco han definido y acordado sus reglas de funcionamiento (cuerda tres) y las cumplen con férrea disciplina.

Personas y conversaciones

Hemos visto muchas veces que ciertas personas hacen planes en planillas de cálculo enormes y luego realizan el monitoreo con muy buenos mails de seguimiento. Lo hacen encerradas en sus oficinas y tratan de imponer el plan y su monitoreo a los demás involucrados. Pero lamentablemente esto no funciona. No logran el compromiso de los demás, y con suerte logran el cumplimiento cuando recurren a su autoridad. Ni que hablar cuando requieren algo de personas que no reportan formalmente a ellos.

Para que funcione se requiere alinear a las personas, lo que no se logra encerrado en una oficina. Se logra conversando. *Es en las conversaciones donde se forjan los resultados.*

Las personas nos comprometemos con lo que ayudamos a construir y por eso un plan hecho por una sola persona o un pequeño equipo no es suficiente para generar compromiso. Luego de acordado el plan, es necesario un diálogo permanente que brinde *feedback* sobre los avances de la ejecución del proyecto y del trabajo realizado por cada integrante del equipo. Finalmente se debe hacer una evaluación de los resultados obtenidos y del aporte realizado por cada una de las personas involucradas.

Lo que se busca con estos dos ciclos concurrentes (sistematizar la ejecución y alinear a las personas) es hacer que las cosas pasen, pero no de cualquier manera. Tiene que hacerse en forma eficaz y eficiente.

Se hace de forma eficaz cuando se logra la calidad requerida en el tiempo deseado. Se hace de forma eficiente cuando se logran los resultados optimizando el uso de recursos.

Para hacer todo lo anterior se requieren habilidades de gestión.

La gestión, al fin de cuentas, es lo que separa a los verdaderos líderes de los charlatanes.

Capítulo 20

El proceso de construcción, desarrollo y ajuste

Los equipos no nacen; se hacen. Si necesita convertir un grupo de trabajo en un equipo sólido, usted y los miembros del equipo deberán dedicar energía (tiempo, recursos, pienso) a Crear, Desarrollar y Ajustar las distintas dimensiones que se describen en este modelo. Al igual que una guitarra, cada cuerda necesita afinación para que la magia de la armonía –resultados y clima– pueda escucharse.

Necesitará tenacidad, porque en el camino va a haber muchos obstáculos y la alta *performance* no se da inmediatamente. Empieza después de haber madurado las relaciones y puesto en marcha los acuerdos fundacionales. En ese plazo se deberán tomar decisiones difíciles si alguno de los miembros no cumple con lo acordado. No cualquiera puede ser parte de un equipo que quiera lograr resultados en forma sistemática y donde existe un clima energizante, que da orgullo a quienes pertenecen a él.

Si bien todos los equipos son diferentes, y cada caso tendrá sus particularidades, la secuencia siguiente puede ser una buena guía para entender y tomar acción en el proceso de afinación.

Diseñar

Tómese un tiempo para reflexionar sobre el diseño de su equipo.

1. Clarifique el desafío. Descríbalo en términos de resultados deseados, conectados a la estrategia de la organización (Capítulo 12).

2. Defina la estructura. Tomando como base el desafío, elabore alternativas para organizar el equipo, estudie ventajas y desventajas de cada una, y decida cuál será su estructura y los roles requeridos (Capítulo 13).

3. Evalúe el talento disponible (habilidades actuales y potenciales). Construya un plan de desarrollo para cada integrante del equipo y/o reclute el talento necesario (Capítulo 13).

Acordar

Dedique un par de días con todos los miembros del equipo para desarrollar y sellar los acuerdos constituyentes. Tenga en cuenta que las conversaciones durante el proceso son tan importantes como los acuerdos.

1. Evalúen qué tan buen equipo están siendo. ¿Está afinada la guitarra? ¿Cuáles son las cuerdas que requieren más atención?

2. Descubran el propósito común. Esta es una conversación de reflexión profunda para responder a las preguntas: ¿quiénes somos? ¿por qué hacemos lo que hacemos? ¿para qué lo hacemos? (Capítulo 16).

3. Clarifiquen el desafío: acuerden los resultados deseados. Debe quedar claro para todos, lo que tenemos que lograr, es decir, las metas del equipo. También acuerden las prioridades, ¿qué indicador importa más ahora? (Capítulo 12).

4. Definan los valores: aclaren y escriban en detalle los comportamientos que sí quieren en el equipo y los que no van a tolerar (Capítulo 17).

5. Acuerden las reglas de funcionamiento. Este es un acuerdo que responde a la pregunta: ¿cómo vamos a trabajar juntos?

5.1. Aclaren los roles y responsabilidades de cada integrante. Es decir, quién hace qué, tanto a nivel funcional como a nivel de procesos (Capítulo 14).

5.2. Definan cómo van a interactuar: qué reuniones van a tener y cuáles no. ¿Qué sistemas van a utilizar? (Capítulo 14).

5.3. Acuerden las reglas que seguirán para que las reuniones sean eficientes, para que se tomen decisiones en forma ágil y para manejar los conflictos evitando que interfieran con el desempeño (Capítulo 14).

6. Hagan una "ceremonia de firma de la constitución" con todos. Es un mensaje importante y un acto que simboliza el compromiso con este viaje.

Monitorear y ajustar

Una vez firmada la constitución, debe asegurarse que todos los miembros del equipo la respeten. Les sugerimos que pongan foco obsesivo en dos temas clave:

1. Lograr los resultados. Construyan un tablero de control para asegurar que el equipo cumple con los resultados del equipo (todos ganan o todos pierden) y que cada uno de los miembros logra sus resultados individuales. Les sugerimos que, en lugar de discutir sobre cómo se calculan los indicadores, conversen sobre qué más pueden hacer para lograr las metas.

2. Valorar y corregir comportamientos. Los acuerdos definen lo que se espera de cada integrante: los valores que deben vivir y las reglas que deben seguir. Les sugerimos que reconozcan a quienes demuestran estos comportamientos y tengan todas las conversaciones de feedback que sean necesarias para corregir desvíos.

Evaluar y mejorar

Después de un período prudencial, revise lo aprendido. Les recomendamos que vuelvan a evaluar qué tan afinada está ahora cada cuerda de la guitarra y que tengan sesiones periódicas de lecciones aprendidas para reconocer: lo que hicieron bien, lo que deben seguir haciendo, lo que deben empezar a hacer y lo que deben dejar de hacer.

¿Necesita ayuda?

Por último, entendemos que es importante que evalúe si usted y su equipo pueden hacer este viaje solos o necesitan ayuda. Para las primeras veces que se transite este proceso quizás sea bueno conseguir ayuda. Si el desafío al cual se enfrenta no permite equivocaciones –ensayo y error– también sería bueno que busque a alguien que los acompañe.

Evalúe incorporar por ejemplo a un "Team Coach" (dentro o fuera de la organización). Alguien que pueda diseñar y acompañar al equipo en todos los pasos mencionados en este capítulo. Busque a alguien que tenga experiencia en haber liderado equipos con desafíos importantes. Que haya demostrado su capacidad en el armado de equipos, en orientar personas para lograr resultados, en facilitar conversaciones positivas entre los miembros del equipo y en resolver conflictos. Alguien con quien conversar sobre decisiones difíciles - sus ventajas y sus desventajas- en particular, en temas relacionados a la conformación del equipo. Al igual que cualquier temática, este proceso se transita en forma más efectiva y eficiente cuando nos acompaña alguien que demostró ser competente.

Al momento de seleccionar un "Team Coach" le sugerimos que verifique no solo su conocimiento sobre el tema ("saber"), sino también su experiencia ("hacer"). Tal y como mencionamos en el capítulo 13, para verificar la competencia de una persona no alcanza con ver sus estudios, es necesario ver *su experiencia y sus resultados*, verificar que realmente la persona logró construir equipos de alto desempeño en carne propia. Alguien que haya estado intensamente en el terreno, un muy buen líder que haya demostrado que puede ser un modelo de rol, creando y desarrollando equipos que hayan conseguido resultados resonantes.

"El que aprende y aprende y no practica lo que sabe, es como el que ara y ara y no siembra". Platón

También verifique que esa persona es un *modelo de rol como jugador de equipo*. Asegúrese de que, con quienes haya jugado en el pasado, lo valoren por su *actitud de equipo* que, como explicamos en el capítulo 17, es un valor imprescindible. Solo quienes han sido excelentes jugadores de equipo pueden trasmitir y contagiar a otros la convicción de serlo. Pueden demostrar el verdadero valor de este proceso y hablar con propiedad porque *han sido y son* jugadores de equipo. Simplemente porque lo tienen tan integrado a sus comportamientos que ya es parte de su ADN. Si no ha demostrado serlo, no va a ser creíble. Y los miembros del equipo, tarde o temprano, se darán cuenta. Porque siempre se aplica la famosa frase: "enseñamos lo que sabemos, pero contagiamos lo que somos".

Para facilitar este viaje hemos creado un sitio web que contiene videos, documentos, técnicas y herramientas muy útiles para evaluar la madurez de su propio equipo y para que pueda entender mejor cada uno de los pasos sugeridos en este capítulo. Usted puede acceder a todo esto simplemente escaneando el siguiente código QR:

Capítulo 21

El viaje del equipo

La construcción de un equipo de alto desempeño es un viaje en etapas. No es un acto. Y no ocurre por casualidad. Este viaje es un proceso que requiere foco, determinación y perseverancia. Y requiere tiempo dedicado a la construcción y el desarrollo. Requiere parar y salir de la operación para gestar los acuerdos y hacer los ajustes.

Los que han hecho el viaje antes, dicen que…

Es un viaje donde las personas se sienten orgullosas de lo que logran juntas y defienden al equipo en las buenas y en las malas.

Es un viaje que no se hace solo. Donde se pasan horas y momentos intensos con personas diferentes, en el que se discute, se negocia, se ríe, en el que se exige y se ayuda.

Es un viaje donde habrá tormentas y habrá calma. En el que zarpan personas desconocidas dispuestas a dar lo máximo de sí, y con las que compartiremos la alegría del triunfo y la tristeza de la derrota. A las que les tenderemos nuestra mano en los malos momentos y ellos pondrán su hombro cuando nuestra carga sea excesiva. Pero lamentablemente también zarpan otros que no estarán dispuestos a hacer esto y tomarán otro rumbo en algún momento.

Es un viaje en el que tomaremos decisiones difíciles. Acertaremos y nos equivocaremos.

Es un viaje sin fin, que no termina nunca, porque un equipo de alto desempeño se construye todos los días.

Los que han hecho el viaje antes, dicen que…

Es un viaje que siempre recordaremos. Ser parte de un equipo que logra todo lo que se propone, en el está rodeado de colegas que estarán ahí para ayudarte, es una experiencia única, mágica.

Es sentir que uno forma parte de algo + grande y que nada es imposible.

DESCUBRA LAS 4 ACTITUDES PARA EL ÉXITO

Con más de 20 años de experiencia como ejecutivo de IBM, en los siempre turbulentos ambientes de negocios latinoamericanos, Baliño afirma que el éxito no es un destino, sino un viaje sin fin y que las personas exitosas han desarrollado cuatro actitudes: positiva, de equipo, de mejora continua y de responsabilidad.

Visita nuestra tienda on-line:
xnpartners.com/tienda

¿TE GUSTÓ ALGO + GRANDE?

Si quieres más ejemplares de ALGO + GRANDE, puedes acceder al libro en www.algomasgrande.com

¿Más de 20 libros?

Contáctate con nosotros:

info@xnpartners.com

+598 2601 9006

Visita nuestra tienda on-line: **xnpartners.com/tienda**

SOLUCIONES PARA EQUIPOS

En X^n contamos con Conferencias, Conversatorios, Talleres, Intervenciones y servicios para ayudar a las organizaciones a desarrollar a sus equipos al siguiente nivel.

Las distintas actividades diseñadas por X^n para convertir grupos de trabajo en equipos de alto desempeño se apoyan en las seis dimensiones presentadas en el libro "Algo + grande. El poder del EQUIPO para lograr lo imposible".

Los equipos de alto desempeño no nacen en forma espontánea. Se crean, se desarrollan y se ajustan. Para eso es necesario trabajar en su construcción en el campo de acción y tomar decisiones, algunas, muy difíciles. La constitución de un equipo de alto desempeño puede acelerarse mediante un proceso que cataliza la creación de acuerdos sobre elementos racionales. Pero eso no es suficiente. También requiere asegurar, con igual rigurosidad, elementos emocionales que resultan determinantes.

¿En qué medida tengo un equipo de alto desempeño? ¿Qué componentes debo desarrollar para llevarlo a un nivel superior? ¿Qué plan de acción puedo poner en marcha para hacerlo? ¿Cómo es el proceso?

Conferencia

Presentación que tiene como objetivo motivar a los participantes y transmitirles los fundamentos, la importancia y el método para llevar a sus respectivos equipos al siguiente nivel.

Duración: 1,5 horas

Participantes: Sin límite

Conversatorio

A partir de una presentación sobre equipos de alto desempeño, los participantes realizan actividades específicas para reflexionar sobre sus respectivos equipos y concluir con un plan de acción.

Duración: 3,0 horas

Participantes: hasta 40

Taller

Es una experiencia de desarrollo de habilidades donde los participantes logran comprender qué es un equipo de alto desempeño y adquieren herramientas específicas para luego aplicarlas con sus propios equipos con el fin de llevarlos a un nivel de desarrollo superior.

Duración: 1 día (8 horas)

Participantes: hasta 24

Intervención

Es una sesión dirigida por un facilitador de X^n, donde se reúne a un equipo específico para que sus miembros realicen los acuerdos, tomen las decisiones y planifiquen las acciones necesarias, para iniciar su viaje de transformación hacia un equipo de alto desempeño.

Duración: 2 días (16 horas) y requiere de sesiones previas con el líder del equipo.

Servicios de gestión

Sesiones de ajuste de los acuerdos del equipo, definición de su tablero de mando y metas, y alineación en cascada. Definición de procesos, planes y proyectos. Alineación a la Estrategia.

Servicios de seguimiento

Sesiones de coaching al equipo y a su líder con el objetivo de acelerar el proceso de formación del equipo: revisión de los resultados, cumplimiento de los acuerdos y las reglas de funcionamiento.

www.ingramcontent.com/pod-product-compliance
Lightning Source LLC
Chambersburg PA
CBHW060825220526
45466CB00003B/985